HUMOR JURÍDICO

AS MELHORES ANEDOTAS

COLECÇÃO CITAÇÕES JURÍDICAS

Volumes publicados:

I   Advocacia: As Melhores Citações

II   Magistratura: As Melhores Citações

III   Mandamentos do Advogado e do Magistrado

IV   Provérbios Jurídicos em Latim

V   Direito: As Melhores Citações

VI   Crime e Punição: As Melhores Citações

VII   Justiça: As Melhores Citações

VIII   Humor Jurídico: As Melhores Anedotas

Coordenação e Selecção:

Helena Resende da Silva

HUMOR JURÍDICO

AS MELHORES ANEDOTAS

Coordenação e Selecção

Helena Resende da Silva

Jurista

FICHA TÉCNICA:

Título: Humor Jurídico: As Melhores Anedotas

Autor: Helena Resende da Silva
Tlmv.: 91 4647433 / 55
www.helenaresendedasilva.cjb.net

Ilustração, Capa e
Composição Gráfica: Pedro Elias da Costa

Impressão e
Acabamentos: Empresa do Diário do Minho, Lda. – Braga

Data: Dezembro de 2006

Depósito Legal: 251572/06

ISBN: 972-99160-7-1
978-972-99160-7-6

Nenhuma parte desta obra pode ser reproduzida por fotocópia ou por qualquer outro processo electrónico, mecânico ou fotográfico, sem prévia autorização escrita do autor. Os infractores são passíveis de procedimento judicial.

PREFÁCIO

O humor é uma das chaves para a compreensão da sociedade humana, dado alterar-se com o decurso dos tempos, assim como os costumes e as correntes de pensamento. Note-se que o riso é essencial à boa saúde, já que, além de diminuir a pressão arterial, liberta endorfina, uma substância natural produzida pelo cérebro que provoca uma sensação de bem-estar e alivia a dor. Como disse S. Tomás de Aquino[1], "o humor é necessário à vida humana".

O humor é, frequentemente, usado para suavizar as adversidades da vida e para descomprimir a tensão psicológica provocada por certas situações. Compreende-se, assim, que exista um número muito elevado de anedotas sobre os processos judiciais e os seus intervenientes, bem como sobre a prestação dos estudantes nos exames.

Neste livro procuramos reunir as mais engraçadas anedotas jurídicas, agrupando-as nos capítulos: Magistrados; Oficiais de Justiça; Réus e Testemunhas; Júris; Advogados; Advogados Estagiários; Universidade de Direito; Adivinhas Jurídicas; Teste os seus Conhecimentos Jurídicos; Leis Absurdas; Filmes Legais; Citações Bem-Humoradas.

---

[1] Teólogo católico italiano [1225-1274].

Humor Jurídico: As Melhores Anedotas

Esperamos que a presente recolha permita que o leitor descontraia e se divirta, no sossego do seu lar, ou no intervalo do seu trabalho.

Helena Resende da Silva
Dezembro de 2006

MAGISTRADOS

Magistrados

EXPROPRIAÇÃO DO INFERNO

Deus pretendia expandir os domínios do Céu para abrigar mais almas. Para tanto, precisava expropriar uma parte do inferno. Solicitou a compreensão de Satanás que, indignado, respondeu que nunca abriria mão de qualquer parcela dos seus domínios, ainda mais para salvar alguém.

Confrontado com a resposta do Diabo, Deus disse-lhe que iria tomar todas as providências judiciais. Advertiu-o de que contava com os melhores advogados do mundo, pois estavam todos no Céu.

Para surpresa de Deus, ao invés de ficar intimidado, o Diabo começou a rir às gargalhadas. Foi quando Deus perguntou:

– Porque ris?

Satanás respondeu:

– De que adianta todos esses grandes advogados ao seu serviço no Céu? Não sabeis que os juízes estão todos aqui no inferno?

O NONO MANDAMENTO

Do alto de uma colina, Moisés lia os mandamentos ao seu povo.

– Nono Mandamento: Não desejarás a mulher do próximo!

Ouve-se um protesto generalizado.

– Calma! – Diz Moisés. Isto é o que diz a lei. Vamos esperar para ver o que diz a jurisprudência...

Humor Jurídico: As Melhores Anedotas

COMPRAS EM SALDOS

Durante os saldos, a mulher de um magistrado encontrou uma gravata verde que condizia muito bem com um dos casacos desportivos do marido.

Pouco tempo depois, o casal seguiu para uma estância de férias para que o magistrado descansasse de um complexo processo que envolvia uma poderosa associação criminosa.

Foi então que descobriu um pequeno disco redondo cosido no interior da gravata. Desconfiando que pudesse ser um microfone colocado a mando da associação criminosa, entregou-o a um agente da Polícia, o qual o remeteu de imediato aos laboratórios da Polícia Judiciária.

Passadas poucas horas, recebeu uma informação:

– Ainda não sabemos qual a origem ou a finalidade do disco, mas já descobrimos que quando é pressionado, toca a música "Jingle Bells".

PERITOS, ADVOGADOS E JUÍZES

Os peritos são pessoas que sabem muito acerca de pouco e que continuam a aprender mais e mais acerca de menos e menos, até que sabem praticamente tudo acerca de nada.

Os advogados, pelo contrário, são pessoas que sabem muito pouco acerca de muito e continuam a aprender cada vez menos sobre cada vez mais coisas, até que sabem praticamente nada acerca de tudo.

Os juízes são pessoas que começam por saber tudo acerca de tudo, mas que acabam por saber nada de nada devido à sua constante associação com peritos e advogados.

Magistrados

LEIS DA VIDA

Há o rico e o pobre.
O soldado protege os 2.
O operário trabalha pelos 3.
O cidadão paga pelos 4.
O vagabundo come pelos 5.
O advogado cobra aos 6.
O juiz condena os 7.
O médico mata os 8.
O coveiro enterra os 9.
O diabo leva os 10.
E a mulher engana os 11...

OS 5 DESEJOS DO JUIZ

1. Ter uma estagiária tão atraente quanto a sua mulher julga que ele tem.
2. Saber tanto quanto o oficial de justiça julga que ele sabe.
3. Ganhar tanto quanto os advogados julgam que ele ganha.
4. Ter a vida tranquila que os colegas julgam que ele tem.
5. Ficar tão bem de beca como ele julga que fica.

IDENTIFICAÇÃO DAS PARTES

No tribunal, os advogados insultam-se:
– O senhor Dr. é um aldrabão!
– Não, o senhor Dr. é que é um mentiroso!
– Muito bem! – Conclui o juiz – Agora que já estão devidamente identificados, vamos prosseguir com a audiência.

Humor Jurídico: As Melhores Anedotas

ENTRA NUM OUVIDO, SAI PELO OUTRO

Um juiz, farto de ouvir as tediosas alegações de um advogado, tenta, de todas as formas, acelerar o julgamento. O advogado ignora as intenções do juiz, o que o aborrece ainda mais.

Por fim, frustrado por ouvir novamente os mesmos argumentos, aponta para uma das suas orelhas e diz:

– O senhor advogado deve saber que, a este ponto, o que está a dizer, entra por um ouvido e sai pelo outro.

– Isso, senhor juiz, é ponto assente. Alguma coisa o impede?

JUSTIÇA IGUAL PARA AMBAS AS PARTES

Após entrar na sala de audiências, o juiz olhou para os dois advogados que estavam na sua presença.

– Quero dizer-vos que ambos me enviaram um envelope para me subornar.

Os advogados sentiram-se terrivelmente envergonhados.

– Um enviou 15.000 euros, enquanto o outro apenas enviou 10.000.

O juiz meteu a mão no bolso e retirou um cheque que estendeu a um dos advogados.

– Ora bem. Ao senhor Dr. devolvo os 5.000 euros da diferença. Assim decidirei este caso apenas com base nos seus méritos.

Magistrados

PROBLEMA DOS JUÍZES

Dois réus conversam no hall do tribunal:
– Sabe qual é o problema dos juízes?
– Não! Qual é?
– Alguns julgam que são Deus... os outros têm a certeza!

A ARMA DO CRIME

Um magistrado tinha por hábito exigir, nos julgamentos de processos-crime, que a arma do crime estivesse em cima da mesa, bem à vista do tribunal.
Certo dia, ao iniciar um julgamento, deu conta da falta da arma. Virou-se para o oficial de justiça e disse, arreliado:
– Estou farto de dizer que é absolutamente necessária a presença da arma do crime. Faça o favor de imediatamente a ir buscar e de a colocar em cima da mesa.
Enquanto o funcionário empalideceu, o arguido ficou esverdeado. O oficial de justiça tentou dizer qualquer coisa em voz baixa, mas o magistrado não conseguia ouvir. Ao fim de algum tempo, compreendeu que o funcionário lhe dizia para ver a acusação.
O réu tinha sido acusado do crime de violação...

FORA DE CIRCULAÇÃO

Estava a ser julgado um vagabundo.
O juiz perguntou:
– O que é que o senhor faz?
– Não faço nada, senhor Dr. Juiz! Ando por aí a circular.
Sentença: "Retirado de circulação por 30 dias".

JULGAMENTO NUM NAVIO

Um navio fazia a travessia do Atlântico, quando uma mulher foi surpreendida a roubar. O comandante, sendo a autoridade máxima do navio, presidiu ao julgamento da ladra.

No início da audiência, o comandante, com a sua voz forte e autoritária, disse:

– Levante-se a ré!

E o barco foi ao fundo a pique...

OFICIAIS DE JUSTIÇA

Oficiais de Justiça

ORDEM DE SAÍDA

Um advogado recém-falecido, aproveita o facto de S. Pedro estar distraído para entrar à socapa no Céu. Ao aperceber-se da situação, S. Pedro solicitou ao advogado para sair, já que esse não era o seu lugar. O advogado afirmou que apenas sairia do Céu mediante ordem judicial. S. Pedro providenciou uma ordem de um dos muitos juízes que moravam no Céu. Todavia, o advogado solicitou que a mesma lhe fosse notificada por um oficial de justiça. Por falta de oficiais de justiça para cumprir o mandado, o advogado ainda hoje se encontra no Céu...

ILUSTRÍSSIMA GERENTE

O magistrado ordenou que o oficial de justiça se deslocasse a uma agência bancária, para entregar um ofício dirigido à ilustríssima gerente. Algumas horas depois, o funcionário regressa informando que não havia nenhuma pessoa chamada Ilma naquela agência bancária...

CITAÇÃO DO RÉU

Um caso verídico. No final da década de 60, em Marília, Brasil, um oficial de justiça recebeu um mandado para citar o réu.

Quando se deslocava em direcção à residência do réu, situada numa zona rural, o veículo vira, dado o péssimo estado do caminho.

Refeito do susto, volta ao tribunal e certifica:

"Certifico que deixei de cumprir o mandado porque a diligência capotou".

Humor Jurídico: As Melhores Anedotas

ZELO NA DILIGÊNCIA

O juiz tomou conhecimento que um prisioneiro tinha escrito, nas paredes da cela, insultos à sua pessoa.

Disposto a puni-lo, o magistrado ordenou a um oficial de justiça que se dirigisse à dita cela e certificasse o que lá estava escrito.

O oficial deslocou-se ao local e realizou a diligência ordenada. Ao entregar a certidão ao juiz, foi punido com três dias de suspensão.

Indignado, perguntou ao escrivão porque lhe tinha sido aplicada tal reprimenda.

– O problema foi ter cumprido com rigor excessivo a sua diligência... – Disse o escrivão que, de seguida, leu a certidão: – "Certifico que me dirigi ao local e lá constatei que "a mãe do juiz é uma..., o juiz é um..., o procurador é um... e o advogado é um...Por ser verdade o referido, dou fé".

IMPRESSÕES DIGITAIS

Outra situação que aconteceu na realidade. Na década de 60, em Luzilândia, Piauí, Brasil trabalhou um oficial de justiça muito conhecido entre os seus pares.

Certa vez, o escrivão entregou-lhe uma almofada de carimbo dizendo-lhe que, caso a citada não soubesse assinar o nome, ele deveria obter a sua impressão digital. Passadas algumas horas, o escrivão recebe a notícia de que o oficial estava acompanhado da polícia para prender a citada. Intrigado, deslocou-se ao local.

Deparou-se com o oficial de justiça a tentar obrigar a mulher a tirar a roupa.

Diz o oficial de justiça:

– Ela não me deixa tirar as suas impressões genitais...

Oficiais de Justiça

CITE-SE O FALECIDO

Esta história aconteceu na 4ª Vara Civil da Comarca de Uberaba, no Brasil. O juiz ao apreciar o pedido de reconhecimento de união de facto, formulado por uma mulher após a morte do companheiro, proferiu o seguinte despacho:
– "Cite-se o falecido para os termos da presente acção". O oficial de justiça, com ironia certificou que o citado "desde o dia 5 de Setembro de 1997, está residindo no Cemitério S. João Batista, nesta cidade, à quadra 1, sepultura Nº. 142" e que: "prosseguindo as diligências, bati, por inúmeras vezes, à porta da citada sepultura no sentido de proceder à citação determinada, mas nunca fui atendido. Certifico ainda, que entrei em contacto com os coveiros e com o administrador do citado cemitério, sendo informado por todos que tinham a certeza de que o citado se encontrava na sua sepultura, porque viram-no entrar e não o viram sair"...

MANDADO DE PENHORA

Um oficial de justiça da Comarca de Florianópolis, no Brasil, certificou deste modo o cumprimento de um mandado de penhora:
– "Dirigi-me ao local indicado e penhorei uma mesa de comer velha de quatro pés".

RELAÇÃO DE BENS

Um zeloso oficial de justiça, numa comarca do interior do Estado da região Sudeste do Brasil, relacionou os bens penhorados, descrevendo-os para melhor identificá-los.
A certa altura, escreveu:
– "Crucifixo de madeira e bronze, marca JNRJ"...

Humor Jurídico: As Melhores Anedotas

NOTIFICA-SE O FALECIDO

Esta ocorreu em 29 de Março de 2006, na Unidade de Apoio dos Serviços do Ministério Público de Lagos:

– "Notifica-se V. Ex.ª, na qualidade de falecido, nos termos e para os efeitos a seguir mencionados: Para no prazo de 10 dias, vir aos presentes autos, levantar a certidão requerida".

RÉUS E TESTEMUNHAS

Réus e Testemunhas

LADRÃO PENSA NA FAMÍLIA

Irritado, o juiz pergunta a um réu acusado de ter assaltado uma loja de roupa:
– Por acaso, durante o assalto, o senhor não pensou na sua mulher e na sua filha?
– Claro que pensei senhor Dr. Juiz, mas no raio da loja só havia roupa de homem...

CÚMPLICES DO ROUBO

Pergunta o juiz ao réu:
– Quais foram os seus cúmplices no roubo?
– Não tive, senhor Dr. Juiz! Hoje em dia é só gente desonesta em toda a parte. Já não se pode confiar em ninguém.

TESTEMUNHA COERENTE

No tribunal, o juiz pergunta à testemunha:
– Qual a sua idade?
– 49 anos.
– Mas há 2 anos atrás já a senhora dizia que tinha essa idade.
– Claro, eu não sou daquelas que hoje dizem uma coisa e amanhã já dizem outra...

DIA E HORA DA MORTE

– Ao meu irmão disseram o dia e a hora exactos em que ia morrer.
– Incrível. Quem é que acertou? Algum vidente?
– Não. Disse-lhe o juiz.

Humor Jurídico: As Melhores Anedotas

DIGA A SUA PROFISSÃO

Um juiz interrogava uma prostituta:
– Diga o seu nome, endereço e profissão?
A prostituta diz apenas o seu nome e a sua morada. O magistrado volta a perguntar:
– Profissão?
– Ah, o senhor Dr. sabe...
– Profissão? – Insiste o juiz
– Nós semos da vida...
– Nós semos não. Nós somos!
– Ah! Não me diga! O senhor Dr. Juiz também é?

COMPRAS DE NATAL

Era época de Natal e o juiz sentia-se benevolente ao interrogar o réu.
– De que é acusado?
– De fazer as compras de Natal antes do tempo.
– Mas isso não é crime nenhum! Com que antecedência as estava a fazer?
– Antes de a loja abrir...

ÁLIBI

– Declara-se culpado? – Pergunta o magistrado.
– Não!
– E tem algum álibi?
– O que é um álibi?
– Bem, alguém o viu cometer o acto?
– Ninguém, graças a Deus.

Réus e Testemunhas

COMPATIBILIDADE DE FEITIOS

Numa acção de divórcio, o juiz pergunta:
– A senhora tem a certeza do que está a pedir? Pretende o divórcio por causa da compatibilidade de feitios? Não será o contrário?
– Não Meritíssimo, é por compatibilidade mesmo. Eu gosto de cinema, o meu marido também! Eu gosto de ir à praia, ele também! Eu gosto de ir ao teatro, ele também! Eu gosto de homens... e ele também!

NÃO RESPONDO A ESSA PERGUNTA

– Alguma vez passou uma noite com este senhor no Porto?
– Não respondo a essa pergunta.
– Alguma vez passou uma noite com este senhor em Lisboa?
– Não respondo a essa pergunta.
– Alguma vez passou uma noite com este senhor em Coimbra?
– Não.

DESCONTO NA PENA

Um juiz olha, severamente, para o réu e pergunta-lhe:
– Quantas vezes esteve preso?
– 9 vezes, senhor Dr. Juiz.
– 9? Nesse caso, dou-lhe pena máxima.
– Pena máxima? Então os clientes habituais não têm desconto?

Humor Jurídico: As Melhores Anedotas

POIS FOI ASSIM...

– Conte-me a sua versão dos factos! – Ordena o Juiz.
– Pois foi assim... Eu estava na cozinha com a faca de cortar presunto na mão. Nesse momento, a minha mulher entrou a correr, tropeçou e caiu sobre a faca, espetando-a no peito.
– Continue...
– Pois foi assim... sete vezes!

BODE EXPIATÓRIO

Num recente julgamento de um crime de associação criminosa, uma das testemunhas abonatórias era a mãe de um dos réus.
Perguntou-lhe o advogado de defesa:
– O que é que tem a dizer sobre o seu filho?
Resposta imediata da senhora:
– Sabe, senhor Dr., no meio disto tudo, o meu filho é um simples "bode respiratório"!

CAMA CHEIA DE PARASITAS

Numa audiência do processo de divórcio, o casal não se entende.
– Bom, vamos com calma. Porque é que o senhor quer o divórcio? – Pergunta o juiz.
– A minha mulher é uma preguiçosa! É uma péssima dona de casa. Estou farto de chegar a casa e ver tudo sujo e a nossa cama cheia de parasitas.
– Bom, isso não me parece ser motivo suficiente para o divórcio. E o que me diz a senhora?
– Senhor Dr. Juiz, o meu marido é um ordinário! Não ouviu o que ele chamou aos meus amigos?

Réus e Testemunhas

RÉU SEM ADVOGADO I

Na primeira audiência, o juiz pergunta ao réu:
– O senhor não trouxe o seu advogado?
– Não meritíssimo! Eu não tenho advogado. Resolvi dizer a verdade!

RÉU SEM ADVOGADO II

O juiz pergunta ao réu:
– O senhor tem advogado?
– Não senhor Dr. Juiz. Nem quero.
– Mas porquê? Qual o motivo da sua recusa?
– Porque depois teria de dividir o roubo com ele...

RÉU SEM ADVOGADO III

– Como é que o senhor não conseguiu arranjar um advogado para o defender? – Perguntou o juiz ao réu.
– Bem, senhor Dr. Juiz, o que sucedeu foi que, quando os advogados descobriram que eu não tinha roubado o dinheiro, já não quiseram mais nada comigo...

5 TESTEMUNHAS

– O senhor é acusado de ter assassinado uma pobre mulher. – Diz o juiz ao réu.
– Isso é falso, absolutamente falso. Eu sou completamente inocente.
– Mas, eu posso apresentar-lhe 5 pessoas que juram que o viram matar a vítima!
– Oh senhor Dr. Juiz... e eu posso apresentar-lhe 50.000 que não me viram...

Humor Jurídico: As Melhores Anedotas

TESTEMUNHA DISTRAÍDA

Numa audiência de julgamento de um caso de corrupção, o procurador do Ministério Público interroga uma testemunha:
– É verdade que o senhor aceitou 5.000 euros para encobrir este caso?"
A testemunha, distraída, olha para a janela.
O procurador repetiu a pergunta. Como a testemunha continuava sem responder, o juiz interveio:
– A testemunha faça o favor de responder ao senhor Procurador.
Aquela, surpreendida, exclama:
– Oh! Desculpe, senhor Dr. Juiz! Eu pensei que ele estava a falar com o senhor...

FURTO DE PÃO

Pergunta o juiz ao acusado:
– O senhor está a dizer-me que roubou os sacos de pão porque tinha fome?
– Sim, senhor Dr. Juiz.
– Se assim foi, porque é que levou o dinheiro que estava na caixa registradora?
– Porque nem só de pão vive o homem...

CONHECIMENTO DE LONGA DATA

Um magistrado inquiria uma testemunha abonatória do arguido:
– Então diga-me! Conhece o arguido há muito tempo?
– Ora, deve haver aí bem uns 50 anos!
– 50 anos? Mas o arguido só tem 25!
– Está muito bem senhor Dr. Juiz, mas eu tenho 70!

Réus e Testemunhas

O ACIDENTE E A MULA

Uma carrinha e um carro chocam violentamente numa noite chuvosa. Os condutores concluem que a responsabilidade é do condutor do carro. Preenchem os impressos para comunicar às seguradoras e despedem-se.

No dia seguinte, o condutor da carrinha pensou melhor e decidiu que os ferimentos justificavam uma acção judicial contra o dono do carro. No tribunal, o advogado do réu inquire o queixoso:

– Quando teve o acidente, o senhor não disse: "Eu estou bem"?

– Bem! Antes de começar a viagem, coloquei a minha mula na carrinha...

– Eu não pedi detalhes! – Interrompeu o advogado – Responda apenas à minha pergunta.

– Mas eu tenho que lhe contar o que sucedeu!

O advogado interrompe novamente e diz:

– Senhor Juiz! Estou a tentar apurar os factos. Na altura do acidente este senhor disse ao agente da polícia que se sentia bem. Posteriormente, move uma acção contra o meu cliente. Isto é uma fraude!

Interessado em obter todos os factos, o magistrado ordena que ele continue.

– Como estava a dizer, coloquei a mula na carrinha. Quando estava a descer a rua, um carro atravessou o sinal vermelho e bateu na minha porta lateral. Fui projectado para um dos lados da estrada enquanto a mula foi atirada para o outro. Fiquei imobilizado no chão e cheio de dores. Podia ouvir a mula a zurrar e, pelo barulho que fazia, pude perceber que o estado dela era muito mau. De imediato chegou um agente da polícia que, ouvindo os zurros da mula, foi ter com ela, sacou da arma e dis-

Humor Jurídico: As Melhores Anedotas

parou um tiro entre os seus olhos. Então o polícia veio ter comigo e disse:
– A sua mula estava muito mal. Tive que a matar. Como é que o senhor se está a sentir?

NECROFILIA

Um homem, acusado de necrofilia, por ter feito sexo com um cadáver feminino, foi levado a tribunal.
Disse-lhe o juiz:
– Há 20 anos que exerço a magistratura e nunca ouvi uma coisa tão imoral. Dê-me uma razão para eu não o mandar para a cadeia e deitar fora a chave!
O homem respondeu:
– Senhor Dr. Juiz. Vou lhe dar, não uma, mas duas boas razões: Primeiro, ela era minha mulher, pelo que este assunto só a mim me diz respeito. Segundo, eu não sabia que ela estava morta. Ela ficava sempre assim quando eu fazia amor com ela!

Q. I. DA TESTEMUNHA

Pergunta o juiz à testemunha:
– O senhor sabe-nos dizer qual o seu Q. I.?
A testemunha pensa um pouco e responde:
– Bem, eu vejo perfeitamente, acho eu...

LUGAR DO ARGUÍDO

O magistrado apercebe-se que o réu é uma presença habitual no tribunal.
– Mais uma vez o vejo no lugar do arguido!
– Desculpe, senhor Dr. Juiz, mas se estou a ocupar o lugar desse senhor arguido, o melhor é ir-me embora.

Réus e Testemunhas

UMA PALMADINHA NA CABEÇA

Na sala de audiências, encontrava-se um réu acusado de homicídio:
– Eu não o matei, senhor Dr. Juiz! Eu apenas lhe dei uma palmadinha na cabeça.
– Então como justifica que a vítima tenha falecido?
– O malandro era tão mau, que até se deixou morrer só para me tramar.

PENA PARA O PERJÚRIO

No tribunal diz o juiz ao réu:
– Vou perguntar pela última vez. O senhor matou a vítima?
– Não, senhor Dr. Juiz, não matei.
– O senhor sabe qual é a pena para o perjúrio?
– Sei e é muito menor do que a pena para o homicídio...

A PULSEIRA

No tribunal, o réu esclarece que não teve a intenção de furtar a pulseira:
– Eu estava a andar de mota quando, para não bater num carro que vinha fora de mão, tive de me aproximar do passeio. Passei a rasar uma senhora e, por azar, a sua pulseira ficou presa à minha mão, tendo sido arrancada com o movimento.
– Se a sua intenção não era furtar a pulseira, porque é que não a devolveu?
– Porque quando parei a mota, reparei que no interior tinha gravado: "Tua para sempre".

Humor Jurídico: As Melhores Anedotas

PRESO PELO PESO

Um padeiro suspeitava que o agricultor que lhe fornecia manteiga, estava a cortar no peso. Ao verificar o peso, confirmou que em vez de 1 quilo, o agricultor apenas lhe enviava 900 gramas de manteiga. Indignado, apresentou uma queixa-crime do agricultor o que levou a que este fosse a tribunal.

No julgamento, o juiz pergunta ao agricultor:

– Então, o seu cliente tem lhe pago 1 quilo de manteiga e o senhor apenas lhe entrega 900 gramas?

O agricultor responde:

– Senhor Dr. Juiz, eu não tenho uma balança de escalas, mas apenas uma balança de pratos. E tenho usado como contrapeso o quilo de pão que compro ao padeiro...

GÊMEOS IDÊNTICOS

No decorrer da investigação de um homicídio, foi encontrada uma pessoa que presenciou o crime.

A testemunha levou o agente da polícia à residência do assassino. Porém, havia um problema. O assassino tinha um gémeo absolutamente idêntico.

Na dúvida, o agente deteve ambos os irmãos.

Após uma semana na prisão, um engordou quase dois quilos, enquanto o outro permaneceu com o mesmo peso.

O agente libertou um dos irmãos.

Um colega perguntou:

– Como é que descobriste qual era o assassino?

– Foi fácil! Toda a gente sabe que, o que não mata, engorda...

Réus e Testemunhas

TESTEMUNHA SINCERA

Num tribunal de uma pequena comarca, o advogado chamou a sua primeira testemunha, uma velhinha de idade avançada. Aproximou-se dela e perguntou:
– A senhora Maria conhece-me?
– Claro que sim! Conheço-te desde pequenino e, francamente, desiludiste-me muito. Mentes descaradamente, enganas a tua mulher, manipulas as pessoas e falas mal delas pelas costas. Julgas que és uma pessoa importante quando, na tua vida, nunca fizeste nada que mereça ser recordado. Sim, conheço-te muito bem.
O advogado ficou pálido, sem saber o que dizer. Depois de pensar um pouco apontou para o outro extremo da sala e perguntou:
– Senhora Maria! Conhece o advogado da outra parte?
– Também o conheço desde a infância e devo dizer que ele também foi para mim uma grande desilusão. É um preguiçoso! Tem problemas com a bebida, não consegue ter uma relação normal com ninguém e, como advogado, é um dos piores que já vi. Além disso, engana a mulher com três mulheres diferentes, uma das quais, curiosamente, é a tua mulher. Sim, posso dizer que o conheço.
O advogado ficou em estado de choque. Então, o juiz solicitou a ambos os advogados que se aproximassem e, em voz muito baixa, diz-lhes:
– Se algum dos dois perguntar à testemunha se me conhece, apanha um processo-crime por desrespeito ao tribunal!

COMO REALIZOU O CRIME?

Durante um julgamento, pergunta o juiz ao réu:
– Como é que o senhor conseguiu abrir a caixa forte do banco em apenas 15 minutos?
– Desculpe, senhor Dr. Juiz, mas eu não dou aulas gratuitas...

DECLARADO INOCENTE

Num julgamento por furto de um carro, diz o juiz ao réu:
– Por falta de provas, o réu é declarado inocente de todas as acusações.
Confundido, o réu pergunta:
– Desculpe, senhor Dr. Juiz! Isso significa que posso ficar com o carro?

DIGA TODA A VERDADE

– A senhora parece estar nervosa! – Diz amavelmente o juiz à testemunha – Passa-se alguma coisa?
– Bem, senhor Juiz, – Diz a testemunha – Eu jurei dizer a verdade, toda a verdade e nada mais do que a verdade, mas sempre que o tento fazer, algum advogado objecta...

RESIDÊNCIA DO RÉU

Pergunta o magistrado:
– Onde mora o senhor?
– Com o meu irmão.
– E onde mora o seu irmão?
– Comigo.
– Bolas! E onde moram vocês os dois?
– Moramos juntos!

Réus e Testemunhas

RÉ ARREPENDIDA

Uma mulher foi acusada de matar o marido. Durante o julgamento, o procurador do Ministério Público pergunta-lhe:
– Depois de ter envenenado o seu marido, não teve remorsos?
– Sim! – Responde a ré – Quando me pediu para repetir o guisado...

PALAVRAS IMPRÓPRIAS

Na sala de audiências, uma testemunha era interrogada num processo de difamação.
– A senhora faça o favor de repetir exactamente as palavras difamatórias que ouviu. – Instruiu o advogado.
A testemunha hesitou:
– Mas, senhor Dr.! Elas são impróprias para os ouvidos de qualquer pessoa respeitável.
– Então, murmure-as ao ouvido do senhor Juiz.

TESTEMUNHA JOVEM

Num julgamento, é chamada uma criança a depor. O juiz tenta que ela se sinta bem e com simpatia explica-lhe:
– Vais responder às perguntas que o senhor Advogado te colocar. Todas as tuas respostas tem que ser orais, percebeste?
– Sim.
O advogado começa então a inquirição:
– Que escola frequentas?
– Orais.
– Que idade tens?
– Orais.

Humor Jurídico: As Melhores Anedotas

ADVERTÊNCIA À ASSISTÊNCIA

Durante um julgamento, o juiz adverte a assistência:
– Silêncio! Aviso-vos que se voltar a ouvir: "Abaixo o juiz", mando-vos para a rua!
Ouve-se de novo:
– Abaixo o Juiz!
O juiz exclama:
– A advertência não era para o réu...

CULPADO OU INOCENTE?

O juiz para o réu:
– O senhor declara-se culpado ou inocente?
– Eu pensava que era culpado até que o meu advogado me convenceu do contrário.

TESTEMUNHA HONESTA

Durante o julgamento, o advogado dirige-se à testemunha que estava a interrogar e diz:
– O senhor parece ser uma pessoa muito honesta.
Ao que a testemunha responde:
– Obrigado. Se não estivesse sob juramento, retribuía-lhe o cumprimento.

MAU A MATEMÁTICA

O juiz para o acusado:
– O senhor é acusado de ter enforcado a sua mãe, decapitado o seu pai, esquartejado os seus irmãos, incinerado a sua tia e envenenado o seu gato. Por acaso não calculou os danos que estava a causar?
– Não, senhor Dr. Juiz! Eu sempre fui muito mau a matemática.

Réus e Testemunhas

UM POBRE ORFÃO

Um indivíduo mata os seus pais. Na audiência de julgamento, o juiz antes de comunicar a sentença, dirige-se ao réu:
– O parricídio é um crime abominável e injustificável. O senhor cometeu dois crimes de parricídio. Consegue dar-me uma razão para eu não lhe dar a pena máxima prevista na lei? O que tem a dizer em sua defesa?
– Meritíssimo Juiz. Por amor de Deus, tenha piedade de mim. Não se dá conta de que sou um pobre órfão?

GRANDE PROLE

O juiz pergunta à testemunha:
– Quantos filhos o senhor tem?
– Tenho 14, meritíssimo.
Surpreendido com o número, o juiz comenta:
– É muito grande a sua prole!
– É isso mesmo o que as mulheres me dizem...

APROVEITE A OCASIÃO

– Então o senhor roubou o relógio da ourivesaria? – Pergunta o magistrado.
– Eu não roubei nada, senhor Dr. Juiz.
– Então como é que o senhor foi encontrado com ele?
– Na montra dizia: "aproveite a ocasião". Eu aproveitei!

BALEADO NA CONTENDA

Pergunta o advogado:
– O senhor foi baleado na contenda?
– Não! Fui baleado entre a contenda e o umbigo...

Humor Jurídico: As Melhores Anedotas

JUIZ VESGO

Num julgamento, um juiz vesgo tem à sua frente 3 réus.
Vira-se para o primeiro e pergunta:
– Como é que o senhor se chama?
Responde o segundo réu:
– António Almeida.
Diz o juiz num tom ríspido:
– Não falei consigo!
Responde o terceiro réu:
– Ó senhor Dr. Juiz, mas eu estava calado!

FURTOS VÁRIOS

O juiz olha para o réu e diz:
– Quer dizer que o senhor além de ter furtado dinheiro também furtou relógios, jóias, telemóveis... Porque é que fez isso?
O réu, tranquilamente:
– Meritíssimo! Sempre ouvi dizer que apenas o dinheiro não traz felicidade!

DIFERENTE VERSÃO DOS FACTOS

Pergunta o juiz ao réu:
– Porque é que o senhor hoje me está a contar uma versão completamente diferente da de ontem?
Diz o réu:
– Porque ontem o senhor Dr. Juiz não acreditou em mim...

Réus e Testemunhas

CULPADO OU CULPADO

Conta uma lenda que na Idade Média um homem foi injustamente acusado de ter assassinado uma mulher. Na verdade, esta tinha sido morta por uma pessoa influente do reino e, por isso, desde o primeiro momento, procurou-se um "bode expiatório" para acarretar com as culpas. O homem foi levado a julgamento, sabendo que tudo iria ser feito para condená-lo. O juiz fez uma proposta ao acusado para que provasse a sua inocência. Disse o juiz:

– Sou profundamente religioso e, por isso, vou deixar a sua sorte nas mãos do Senhor. Vou escrever num papel a palavra "inocente" e noutro, a palavra "culpado". Colocarei ambos num saco. Aquele que retirar, determinará o veredicto.

Porém, o juiz escreveu a palavra "culpado" em ambos os papéis. Desta forma, não havia nenhuma hipótese de o acusado se livrar da forca. O juiz colocou os dois papéis num saco e ordenou que o acusado retirasse um.

O homem, pressentindo o esquema, aproximou-se confiante da mesa, pegou um dos papéis e, rapidamente, colocou-o na boca e engoliu-o. O magistrado ficou indignado com a sua atitude.

– O que foi fazer? Agora como vamos saber qual o veredicto que o nosso Senhor lhe destinou?

– É muito fácil! Basta ver o papel que sobrou e saberemos qual engoli...

TESTEMUNHA ARROLADA

Na instrução de um crime de burla, o juiz pergunta à testemunha:
– A senhora foi arrolada por quem?
A testemunha imediatamente aponta para a vítima, dizendo:
– Por ninguém, senhor Dr. Juiz. Quem foi enrolada foi ela!

50% DA ALDEIA

No julgamento de um crime de difamação, o advogado interroga a testemunha:
– É verdade que mais de 50 % das pessoas da aldeia não gostam do ofendido?
– Oh senhor Dr.! A aldeia nem tem gente suficiente para isso!

JÚRIS

Júris

JÚRI DE ADVOGADOS

Num julgamento agendado numa pequena comarca, o funcionário do tribunal esqueceu-se de convocar o júri. Em vez de adiar o caso, que considerava excepcionalmente simples, o juiz ordenou ao oficial de justiça que reunisse pessoas suficientes para formar um júri. Este regressou com os advogados que se encontravam no tribunal.

Como não foi apresentada qualquer objecção, nem pelo procurador do Ministério Público, nem pelo advogado de defesa, o júri foi nomeado. O julgamento decorreu rapidamente. Depois de apenas uma hora de inquirições, e de curtas alegações finais, o júri recebeu as instruções do juiz e retirou-se para deliberar.

Ao fim de seis horas, o tribunal começou a ficar preocupado com a demora do júri em decidir. O caso tinha-se demonstrado bastante simples, como o juiz antevira, e o júri só deveria ter demorado uns minutos a deliberar. Assim, mandou o funcionário saber se os jurados precisavam de alguma coisa.

Quando este regressou, o juiz perguntou-lhe:

— Estão perto de chegar a um veredicto?

O funcionário abanou a cabeça e respondeu:

— Não, senhor Dr. Juiz. Ainda estão na fase dos discursos para a nomeação do porta-voz...

Humor Jurídico: As Melhores Anedotas

IN DUBIO PRO REO

Um indivíduo foi a julgamento acusado de homicídio. Apesar de haver provas de que tinha morto a sua mulher, o corpo não aparecera. Nas alegações finais, o advogado recorreu a um estratagema habilidoso.

– Senhoras e senhores jurados. A verdade vem sempre ao de cima. Felizmente conseguimos evitar uma grande injustiça, pois encontramos a presumível vítima, viva e de boa saúde. Em menos de um minuto ela entrará por aquela porta.

Os jurados, algo aturdidos, olharam ansiosamente para a porta da sala de audiências. Mas o minuto passou e nada sucedeu.

Finalmente, o advogado falou:

– Na verdade, eu inventei que a vítima iria entrar por aquela porta. Mas todos olharam na expectativa de a ver entrar. E isso sucedeu porque todos têm uma dúvida razoável quanto ao facto de realmente alguém ter sido morto. Assim, insisto que o vosso veredicto deve ser o de inocente.

Os jurados, visivelmente confusos, saíram para deliberação.

Alguns minutos depois, o júri regressou e pronunciou o veredicto de culpado.

– Mas porquê? – Inquiriu o advogado – De certeza que tiveram dúvidas! Eu vi-vos todos a olhar para a porta.

O porta-voz do júri retorquiu:

– Sim, de facto todos nós olhámos. Todos, menos o seu cliente…

Júris

ASSUNTO PRIVADO

O julgamento prosseguia após o almoço. Um dos jurados, que estava sentado na última fila, não conseguia manter os olhos abertos com o sono. Tanto que acabou por adormecer quando a vítima subiu ao banco das testemunhas para depor.

– O réu é acusado de fazer chamadas telefónicas obscenas para a sua casa. – Disse o advogado – Importa-se de repetir exactamente aquilo que ele lhe disse, para o júri ouvir?

– São palavras revoltantes. Não sou capaz de usar esse tipo de linguagem!

– Então, seria possível escrevê-las para o júri ler?

A vítima assentiu, escreveu textualmente tudo o que lhe tinha sido dito por telefone e entregou o papel ao juiz. Este leu-o e depois passou-o ao procurador do Ministério Público, ao advogado de defesa e, finalmente, ao júri. O jurado que se encontrava a dormir foi o último a receber a nota, depois de ser acordado por uma jovem e atraente jurada que estava ao seu lado. Depois de o ler, piscou o olho à jovem e meteu-o no bolso.

– O senhor jurado faça o favor de entregar o papel ao oficial de justiça. – Exigiu o Juiz.

– Mas, senhor Juiz. – Protestou o jurado – Isto é um assunto privado!

Humor Jurídico: As Melhores Anedotas

COMO LIVRAR-SE DO SERVIÇO DE JURADO I

Um indivíduo foi escolhido para jurado, mas não tinha qualquer vontade de o ser. Tentou todas as desculpas de que se conseguiu lembrar, mas nenhuma delas o livrou da obrigação.

No dia do julgamento, decidiu tentar mais uma vez. Antes da audiência começar, aproximou-se do juiz e disse:

– Senhor Dr. Juiz. Eu não posso fazer parte do júri pois sinto uma antipatia profunda pelo réu. Bastou-me ver aqueles olhos maquiavélicos e aquele rosto desonesto para pensar: "Ele é um patife, ele é culpado!". Por isso, não posso fazer parte deste júri.

Com um ar cansado, o juiz replicou.

– Regresse ao seu lugar. Aquele é o advogado de defesa.

COMO LIVRAR-SE DO SERVIÇO DE JURADO II

O juiz pergunta ao jurado:

– Existe alguma razão para que o senhor não pertença ao júri neste processo?"

– Sim, meritíssimo! Não posso ausentar-me tanto tempo do meu trabalho.

– Mas, os seus colegas não podem fazer o trabalho sem a sua presença?

– Podem, mas eu não quero que descubram isso!

ADVOGADOS

Advogados

3 NOITES SEGUIDAS

A dona de um bordel, abre a porta e depara-se com um homem muito bem vestido.
– No que posso ajudá-lo?
– Gostaria de ver a Natacha
– O senhor sabe que a Natacha é uma das nossas meninas mais caras?
– Não importa! Eu quero a Natacha!
Minutos depois aparece a Natacha e explica que cobra 1000 € por cada "visita".
Sem pestanejar, o homem mete a mão no bolso, retira 2 notas de 500 € e entrega-lhe.
Os dois sobem para um dos quartos e, depois de uma hora, o homem sai muito tranquilo e feliz.
Na noite seguinte, o homem volta a bater à porta e a pedir para ver a Natacha.
A dona do bordel estranha, por ser muito raro a mesma pessoa contratar a Natacha duas noites seguidas mas, quando o homem acena com 1000 €, chama-a de imediato.
Sobem para um dos quartos e, depois de uma hora, o homem vai-se embora.
Na noite seguinte, a cena repete-se. Mas antes de ir embora, a Natacha aproveita para perguntar:
– Nunca ninguém requisitou os meus serviços por três noites seguidas. De onde é que o senhor é?
– De Vila Real.
– Não me diga! Que coincidência! A minha família também é de lá!
– Eu sei. Lamento informá-la que o seu pai faleceu. Eu sou o advogado das suas irmãs. Elas pediram-me que eu lhe entregasse a sua parte da herança: 3.000 €.

ADVOGADO SUICIDA

Não conseguindo suportar as dívidas, um advogado decide pôr termo à sua vida.

Sai para a rua e rega o seu corpo com gasolina. Quando se prepara para atear o fogo, uma mulher segura-lhe o braço.

– Não faça isso! – Pede a mulher, comovida com a dramática situação.

Quando o advogado explica porque decidiu suicidar-se, a mulher tenta demovê-lo:

– Se o problema é falta de dinheiro, vamos tentar resolvê-lo.

A mulher aborda os carros que passam, pedindo auxílio. Meia hora depois volta com um saco quase cheio.

– Quanto é que conseguiu? – Pergunta, ansioso, o advogado.

– 15 isqueiros e 6 caixas de fósforos...

VENDER A ALMA AO DIABO

Um advogado está a trabalhar no seu escritório quando, à sua frente, aparece Satanás que diz:

– Proponho-lhe um contrato. Viverá até aos 100 anos. Ganhará todos os processos que aceitar. Os seus clientes adorá-lo-ão. A comunicação social respeitá-lo-á. Os seus colegas terão inveja de si. Fará mais dinheiro do que aquele que poderá gastar. Em troca apenas quero a alma imortal da sua mulher e dos seus filhos que apodrecerão no inferno durante toda a eternidade.

O advogado pensa por um instante:

– Muito bem! Qual é o truque?

Advogados

CORRER RÁPIDO

Dois advogados andavam a caçar na selva quando foram surpreendidos por um feroz leão. Quando um deles começou a descalçar os sapatos, o outro perguntou:
– Por que é que estás a tirar os sapatos?
– Porque descalço, eu posso correr mais depressa!
– Que idiotice! Não vais conseguir correr mais do que o leão! Os leões são mais rápidos do que os seres humanos.
– Eu sei disso, mas não preciso de correr mais do que o leão. Só tenho que correr mais do que tu!

A FESTA, O CONSELHO E A CONTA

Um advogado e um médico conversavam numa festa. São interrompidos por um dos convidados que se aproximou do médico para pedir um conselho. Depois de o médico lhe dizer o que devia fazer para lhe passarem as dores de uma úlcera, o convidado afastou-se.
O médico virou-se para o advogado e perguntou:
– Nas festas é frequente virem ter comigo para me pedir conselhos. Assim, deixam de pagar uma consulta. Como é que resolve estas situações?
– No dia seguinte, envio sempre a conta pelo correio. – Esclarece o advogado.
Ao chegar ao consultório o médico, sorrindo, disse à secretária para enviar a conta ao "cliente" da noite anterior. Porém, a sua boa disposição durou pouco. Durante a tarde chegou uma carta com a conta do advogado.

Humor Jurídico: As Melhores Anedotas

DOIS MAIS DOIS I

Sentado num café está um grupo de amigos. O empregado de mesa aproxima-se e pergunta:
– Quem é que me pode dizer quantos são 2 + 2?
A modelo responde prontamente:
– 5... Não, quero dizer, 6.
O músico:
– Um compasso quaternário.
O filósofo:
– Todos os dias, a nossa compreensão do mundo evolui, por isso é difícil dizer quanto é que são hoje. Ontem eram 4, mas essa verdade pode ser relativa...
O físico, depois de complexos cálculos, responde:
– 3,99.
O banqueiro:
– 4, acrescido de 12% ao ano.
O psicanalista, depois de observar atentamente o empregado, manifesta-se:
– O que é que isso representa para si?
Confuso, o empregado vira-se para o advogado. Este responde sem vacilar:
– Quanto quer que seja?

DOIS MAIS DOIS II

Uma criança pergunta ao seu pai que é advogado:
– Pai, quantos são 2 + 2?
– Depende filho.
– Depende de quê?
– Se é para pagar ou se é para cobrar...

Advogados

O POLÍTICO E O ADVOGADO

Um político e um advogado estão sentados lado a lado num avião. O político propõe, para ajudar a passar o tempo, jogarem um jogo muito interessante:
– Eu faço uma pergunta e, se o senhor Dr. não souber a resposta, paga-me 2 €. Se eu não souber a resposta ao que me perguntar, dou-lhe 200 €.
Isso chamou a atenção do advogado que concorda em participar. O político faz a primeira pergunta:
– Qual a distância exacta entre a Terra e a Lua?
O advogado, sem abrir a boca, retira da carteira uma moeda de 2 € e entrega ao político.
– Agora é a sua vez. – Diz o político.
– O que é que sobe a montanha com três pernas e desce com quatro pernas? – Pergunta o advogado.
O político, confuso, pega no seu computador portátil e faz uma pesquisa na Internet, mas não encontra qualquer resposta. Passado algum tempo entrega 200 € ao advogado que agradece. Então, o político pergunta:
– Muito bem! Qual era a resposta?
Sem dizer uma palavra, o advogado abre a pasta e entrega 2 € ao político.

CASAL DE ADVOGADOS

Dois advogados estão casados há mais de meio século. Entretanto ele morre e, pouco tempo depois, morre ela. Quando chega ao Céu, ela vê o seu marido e feliz corre na sua direcção.
– Querido!
– Espera aí! O contrato de casamento dizia "até que a morte nos separe"…

Humor Jurídico: As Melhores Anedotas

INCÊNDIO DE CHARUTOS

Um advogado comprou uma caixa de charutos muito raros e fez um seguro contra todos os riscos incluindo incêndio. Passado um mês, tendo fumado todos os seus charutos, interpôs uma acção contra a companhia de seguros. Na sua petição, alegou que os charutos foram perdidos "numa série de pequenos incêndios." A companhia de seguros recusou-se a pagar, argumentando que, obviamente, o advogado tinha fumado os charutos.

A sentença dá razão ao advogado, baseando-se no facto de a apólice dispor que os charutos eram seguráveis contra incêndio, não excluindo nenhum tipo de fogo.

A seguradora aceita a decisão e paga ao advogado uma indemnização de 1.000 € pela perda dos charutos queimados nos incêndios.

Depois do advogado receber o cheque, a companhia de seguros apresenta queixa-crime por 24 casos de incêndios culposos e premeditados!

O advogado foi condenado a 24 meses de prisão e a 20.000 € de multa.

Esta história é contada como sendo verdadeira, tendo ocorrido nos Estados Unidos da América...

3 PERGUNTAS

O cliente chega ao escritório e pergunta ao advogado:
– Quanto é que o senhor Dr. cobra por uma consulta?
– 500 € por 3 perguntas.
– 500 €! – Exclama o homem – É muito caro não acha?
– Possivelmente. Qual é a terceira pergunta?

Advogados

SALVE-SE QUEM PUDER!

Num avião seguiam, um padre, um advogado e um escuteiro. O avião tem problemas mecânicos e começa a cair a pique.
O piloto diz:
– Temos de saltar, mas só há 3 pára-quedas. Um tem que ficar para trás. Eu tenho o dever de me salvar para contar o sucedido à companhia aérea.
Dito isto, pega num pára-quedas e salta.
O advogado diz:
– Eu tenho de ir defender aquele homem, logo tenho de me salvar também.
E pega num pára-quedas e salta.
O padre vira-se para o escuteiro:
– Meu filho, tu és novo, salva-te tu.
– Ó senhor padre, não se preocupe, o advogado saltou com a minha mochila!

LUZES DE EMERGÊNCIA

É chamado a depor, como testemunha, o agente policial que deteve o arguido por conduzir embriagado.
O advogado começa a inquirição:
– O senhor chegou a fazer o teste do balão ao acusado?
– Não.
– Viu-o com alguma garrafa de bebida na mão?
– Também não.
– Então como é que pode afirmar com tanta certeza que ele tinha bebido demais?
– Porque quando sai do meu carro, que tinha as luzes de emergência a piscar, a primeira coisa que o acusado disse foi: "Mas que raio de discoteca é esta?".

Humor Jurídico: As Melhores Anedotas

UM ENGENHEIRO NO INFERNO

Um engenheiro morreu e chegou ao Céu. S. Pedro analisou a lista das novas admissões e exclamou:
– Não encontro o seu nome aqui. Desça ao inferno que o seu lugar deve ser lá!
O engenheiro dirigiu-se ao inferno, onde o deixaram entrar de imediato.
Pouco depois, já se encontrava desagradado com o desconforto do inferno. Começou logo a fazer projectos e a coordenar a realização de várias obras.
Rapidamente, o inferno passou a dispor de ar condicionado, casas de banho e escadas rolantes.
Passados uns tempos, Deus telefonou ao Diabo e perguntou-lhe:
– Então, como correm as coisas aí em baixo?
O Diabo respondeu-lhe:
– Uma maravilha! Nós temos cá um engenheiro que é fantástico. Já remodelou a maior parte do inferno e ainda tem muitos projectos para realizar.
– O quê? Está um engenheiro aí em baixo? Deve ter sido engano! Manda-o subir, imediatamente, para verificarmos.
– Nem pensar! Dá muito jeito ter por cá um engenheiro. Já não há reclamações. Os moradores estão satisfeitíssimos.
Deus, bastante irritado, ameaçou:
– Manda-o já para aqui, ou eu terei de tomar as necessárias providências legais.
O Diabo soltou uma gargalhada e respondeu:
– E onde é que vais arranjar um advogado?

Advogados

PRESENTE PARA O JUIZ

O advogado atende um cliente preocupado com o seu processo:
– Dr.! Se eu perder este caso, fico arruinado.
– Fizemos todos os possíveis. Agora depende do Juiz...
– E se eu der um presente ao Juiz, isso ajudaria?
– Não! Nem pense nisso! Este Juiz é muito honesto. Isso prejudicá-lo-á de certeza absoluta!
Duas semanas depois, sai a sentença, favorável ao cliente que, para comemorar a vitória, convida o seu advogado para almoçar.
– Está a ver? Ainda bem que não enviou um presente ao Juiz. Podia ter perdido a acção. – Diz o advogado.
– Mas, eu enviei o presente... Foi por isso que ganhamos a causa.
– O senhor fez isso? Não acredito! – Exclama o advogado.
– Mas, eu enviei, só que dentro da caixa coloquei um cartão com o nome do nosso adversário...

PAGAMENTO DE HONORÁRIOS

O cliente perguntou ao advogado quanto é que lhe devia pelo serviço profissional prestado. Como eram amigos de longa data, o causídico respondeu que não era nada.
O cliente insistiu no pagamento dos honorários. O advogado, constrangido, disse que, apenas por formalidade, se contentava em receber a quantia de 200 €.
O cliente, baixando a cabeça, perguntou:
– O senhor Dr. não deixa por 100 €?

Humor Jurídico: As Melhores Anedotas

O ADVOGADO DO DESERTO

Um advogado atravessava o deserto no seu camelo. Aproximando-se de um oásis reparou que lá se encontravam 3 homens a discutir asperamente por causa do testamento do pai recém-falecido. Estipulara o patriarca que, dos 35 camelos que deixara, o filho mais velho deveria receber 1/2 desses camelos; o do meio, 1/3 e o mais novo, apenas 1/9.

Feitas as contas, o mais velho tinha direito a 17,5, o do meio a 11,666 e o mais novo a 3,888 camelos.

O advogado, experiente em direito das sucessões, assegurou-lhes que conseguia resolver o problema. Pegou no seu camelo e juntou-o aos camelos herdados pelos irmãos, de modo que estes passaram a 36. Os irmãos muito se admiraram com tamanha generosidade. Feito isto, dividiu-os.

O irmão mais velho, que tinha direito a metade, em vez de receber 17,5, recebeu 18 camelos. O irmão do meio, que deveria receber um terço, em vez de 11,66, recebeu 12 camelos. O mais novo, incrédulo, com direito a um nono, em vez de 3,888, recebeu quatro camelos.

Todos se regozijaram agradecidos.

Perplexos, vêem o advogado partir acompanhado de 2 camelos...

PAGAMENTO A DOBRAR

– Senhor Dr., venho ter consigo pois falaram-me muito bem da sua sociedade de advogados.

– Os nossos honorários são elevados mas conseguimos sempre que triunfem o Direito e a Justiça!

– Pagar-lhe-ei o dobro se triunfar o oposto...

Advogados

A MORTE DA ESPOSA

O cliente telefona para o advogado, apavorado por ter assassinado a sua mulher.
– Conte-me como ocorreu – Diz o advogado.
– Depois de discutirmos, empurrei-a pelas escadas abaixo.
– O senhor acalme-se. Pense bem! Está nervoso. Por isso, está a confundir o que sucedeu. O senhor não assassinou ninguém. A sua esposa tropeçou e, por azar, caiu pelas escadas abaixo, o que lhe causou morte imediata. Aguarde um pouco por mim. Dentro de meia hora, estarei na sua residência acompanhado de três testemunhas. Mas, voltando ao assunto, como é que a sua esposa caiu?
– Pois sabe Dr., eu não vi e estou um pouco confuso. Talvez alguma das testemunhas possa ajudar...

FRAUDE DE MILHÕES

Um homem defraudou a empresa onde trabalhava em milhões de euros. Tendo sido descoberto, consultou, preocupado, um advogado especializado em Direito Financeiro.
– Dr.! Eu não quero ir para a prisão.
– Não se preocupe. Eu tomo conta do seu caso. E posso dar-lhe a certeza que, com todo esse dinheiro, não irá para a prisão.
E o advogado disse a verdade. Quando o homem foi para a prisão já não tinha um euro...

Humor Jurídico: As Melhores Anedotas

LINGUAGEM DE ADVOGADO

Para se compreender um advogado, é necessário saber traduzir as suas palavras.

Vejamos o que realmente querem dizer as seguintes expressões:

- "Este processo está ganho" significa "Os meus honorários estão ganhos".
- "É necessário mais ajuda" significa "Vou necessitar de mais dinheiro".
- "Não se preocupe, o juiz conhece-me" significa "O juiz não me pode ver à frente".
- "O seu caso é extremamente complexo" significa "Prepare-se que vai ter de me pagar muito dinheiro".
- "Temos de actuar com muita cautela" significa "O processo vai estar parado durante meses".
- "Diga-me a verdade" significa "Conte-me uma mentira mais convincente".
- "Pode contar comigo" significa "Enquanto me pagar, estarei a seu lado".
- "Se tivesse recorrido antes a mim..." significa "Nunca o perdoarei por ter dispendido tanto dinheiro com outros advogados".
- "Estive uma semana inteira a estudar o seu caso" significa "Hoje de manhã dei uma olhadela rápida ao seu processo".
- "Sou um amante das causas perdidas" significa "Cobrarei os meus honorários mesmo que perca a causa".
- O juiz é insubornável" significa "Já tentei subornar o juiz e não consegui".

Advogados

MORTE DE UM ADVOGADO

Um advogado morre sem deixar dinheiro para o funeral. O padre solicita aos escuteiros que façam um peditório por toda a cidade.
Os escuteiros batem de porta em porta até que chegam ao gabinete de um engenheiro:
– Faleceu um advogado e não deixou dinheiro para custear as despesas do funeral. O senhor poderia colaborar connosco, contribuindo com 5 euros?
– 5 euros para enterrar um advogado? Tomem lá 50 euros e enterrem já 10!

ATROPELAMENTO E FUGA

Um camionista atropela um transeunte e foge.
Eis as alegações do advogado de defesa:
– Meritíssimo! A culpa do atropelamento só pode ser do peão. O meu constituinte é um motorista com larga experiência profissional, com carta de condução de pesados há mais de 20 anos, sem nunca ter causado um único acidente!
Resposta do advogado de acusação:
– Se a experiência é o que conta, então o meu constituinte não pode ser o culpado. Há 50 anos que aprendeu a caminhar...

ADORO SER ADVOGADO

Um advogado comenta com um colega seu:
– Adoro ser advogado, exceptuando a parte do estudo, do atendimento dos clientes e das audiências judiciais.
Surpreendido, o outro exclama:
– Mas, retirando isso, apenas ficam os honorários!...

Humor Jurídico: As Melhores Anedotas

ADVOGADOS ASSALTADOS NUM BANCO

Dois advogados estavam num banco quando, subitamente, entram assaltantes armados. O seu chefe ordena que ninguém se mexa.
Enquanto alguns assaltantes retiram o dinheiro das caixas, outros alinham os clientes contra uma parede e começam a retirar-lhes todos os seus objectos de valor. Enquanto tal sucede, um dos advogados coloca algo na mão do outro. Sem olhar para baixo, o segundo advogado murmura:
– O que é isso?
O primeiro advogado responde:
– Os 100 € que te fiquei a dever no almoço de ontem.

ADVOGADO GENEROSO

Durante um jantar, um grupo de pessoas conversava animadamente, culpando os advogados de todos os problemas do país. Uma das presentes contesta:
– Também não são todos maus. No ano passado um deu-me 1000 €.
– Eu não acredito! – Disse o anfitrião.
– É verdade! Dou a minha palavra. Eu contratei um advogado para moveu uma acção contra a minha companhia de seguros. O processo judicial era complexo e foi extremamente moroso. Com os honorários do advogado, o custo com pareceres técnicos, as custas judiciais e assim por diante, a minha conta atingiu 41.000 €. Como recebi apenas 40.000 € de indemnização, o meu advogado perdoou a diferença.

Advogados

CASAMENTO NO CÉU

Um casal jovem e apaixonado morre num acidente de automóvel na véspera do casamento. Chegando ao Céu, encontram S. Pedro:
– Não é justo. Tínhamos tudo preparado para o casamento e morremos sem casar. Não será possível realizar a nossa boda aqui no Céu?
– Vamos ver o que eu posso fazer.
Duas horas depois, S. Pedro voltou trazendo consigo um padre.
– Muito bem! Trouxe um padre para celebrar o casamento mas, com uma condição.
– Qual?
– Aqui não há divórcios! O casamento vai ter de ser para toda a eternidade...
– Mas, isso é muito tempo... E se nos arrependermos?
– Já foi difícil arranjar um padre aqui no Céu. Imaginam quanto tempo é necessário para encontrar um advogado?

JOVEM ADVOGADO MORRE

Um advogado jovem e bem sucedido chega às portas do Céu e encontra S. Pedro:
– Como é que isto pode acontecer? Deve ser um engano! Sou muito novo para morrer com um ataque cardíaco! Só tenho 35 anos.
Ao que S. Pedro responde:
– Engraçado! Quando somamos o total de horas de trabalho que cobrou aos seus clientes, pensamos que tinha, no mínimo, 105 anos...

Humor Jurídico: As Melhores Anedotas

ABRANDAR OU PARAR?

Um advogado conduzia distraído.

É imediatamente mandado parar pela brigada da GNR.

– Boa tarde. O senhor não parou no sinal STOP. Mostre-me os seus documentos, se faz favor.

– Mas eu abrandei. Se o senhor agente conseguir explicar-me a diferença legal entre abrandar e parar, eu mostrar-lhe-ei os meus documentos. Senão, deixa-me ir embora sem multa.

– Muito bem, aceito. Pode fazer o favor de sair da viatura?

O advogado acede. Então o agente retira o seu bastão e desata a bater no carro do advogado. Ao mesmo tempo pergunta:

– Quer que eu pare ou que apenas abrande?

ENCONTRO NO MOTEL

Dois advogados encontram-se no estacionamento de um motel e reparam que cada um deles estava acompanhado da mulher do outro.

Após alguns instantes, um diz ao outro, em tom respeitoso:

– Caro colega, creio que o correcto seria a minha mulher acompanhar-me no meu carro, enquanto a sua volta consigo no seu.

– Concordo em absoluto, digníssimo colega, que isso seria o correcto. Mas seria uma injustiça, se considerarmos que estão a sair e que nós ainda estamos a chegar...

Advogados

QUESTIONÁRIO DE ADMISSÃO AO CÉU

Um médico, um professor e um advogado morreram num acidente de viação e ascenderam ao Céu. Antes de poderem entrar, têm de preencher um questionário que S. Pedro lhes entrega.
Ao lado de várias perguntas sobre a vida passada, destaca-se a seguinte:
– Está no caixão rodeado pela sua família e pelos seus amigos. O que é que gostaria que eles dissessem sobre a sua pessoa?
O médico respondeu:
– Gostaria que dissessem que fui um grande médico e um óptimo pai.
De seguida, diz o professor:
– Gostaria que dissessem que fui um marido excepcional e um professor que teve grande influência no futuro dos seus alunos.
Depois de reflectir um pouco, diz o advogado:
– Eu gostaria que dissessem: "Olhai todos! O morto está a mexer-se. Afinal está vivo!".

REABILITAÇÃO

O jornalista entrevista o director da prisão:
– E quais foram os resultados do programa experimental de reabilitação dos reclusos?
– Participaram dois voluntários e obtivemos uma taxa de sucesso de 50%. Um deles formou-se em Direito e pretende exercer a advocacia. Felizmente que o outro quer seguir o bom caminho...

Humor Jurídico: As Melhores Anedotas

ACUSADO DE FURTAR UM CARRO

Um indivíduo foi acusado de ter furtado um Mercedes. Após uma defesa brilhante do seu advogado, é julgado inocente. Porém, no dia seguinte, o cliente desloca-se à esquadra e diz ao polícia:
– Senhor agente! Quero apresentar uma queixa contra o meu advogado!
– Qual a razão? O seu advogado teve um desempenho excepcional! Preparou tão bem o processo e foi tão convincente que conseguiu a sua absolvição! Porque é que quer apresentar queixa?
– Porque, como eu não tinha dinheiro para pagar os seus honorários, ele ficou-me com o Mercedes que furtei!

O CLIENTE RICO

Um homem rico acusado de matar a sua mulher, recorre a um conhecido advogado criminalista.
Depois de ouvir a sua história, o advogado diz:
– Pelo que me conta, a única hipótese é alegarmos a sua insanidade mental.
– Se o senhor Dr. diz que é o melhor... E quanto a honorários?
– Costumo cobrar 500 € por cada hora de trabalho.
– Mas, isso é exorbitante!
Impávido, o advogado, responde:
– Mas pagar estes honorários vai ajudar a provar a sua insanidade mental...

Advogados

PASSEIO DE BALÃO

Dois homens passeavam de balão. Resolvem reduzir a altitude para descobrir que cidade sobrevoavam. Com o balão a baixa altitude, vêem uma pessoa a pescar.
– Desculpe, sabe onde estamos?
Ao que o pescador responde:
– Estão num balão, a 15 metros de altura.
Um dos tripulantes diz ao outro:
– Deve ser advogado. A informação que nos deu é 100% correcta, mas não nos serve para nada.
O pescador, tendo ouvido o comentário, responde:
– E os senhores parecem clientes de advogado!
– Porque é que diz isso?
– Porque não sabem onde estão, nem para onde vão. Começaram a viagem sem a planear cuidadosamente. Podiam ter evitado perder-se se tivessem pedido ajuda mais cedo. Esperam que eu forneça um remédio que resolva todos os vossos problemas. Estão na mesma posição em que estavam antes de nos encontramos, mas, agora, a responsabilidade passou a ser minha.

A LÁPIDE

Certo dia caminhavam dois jovens num cemitério quando se depararam com uma sepultura recente. Na lápide lia-se: "Aqui jaz um homem honesto, um advogado competente".
Depois de ler, comenta um deles:
– Desde quando é que enterram duas pessoas na mesma cova?

Humor Jurídico: As Melhores Anedotas

DINHEIRO PARA DENTRO DO CAIXÃO

Um velho rico e avarento tinha três filhos: um era padre, outro era médico e o terceiro era advogado. Sentindo que estava às portas da morte, chamou-os e disse:
– Sei que não vou passar desta noite. Como prova do vosso afecto por mim, quero que cada um de vós, na hora do enterro, atire 20.000 euros para dentro do meu caixão. Deixo-vos, em herança, bens mais do que suficientes para cumprirem este meu último pedido.
Todos eles concordam:
– Certamente, pai! Respeitaremos a sua vontade.
Uns tempos após o funeral, os três filhos encontram-se. Diz o padre:
– Irmãos, tenho vergonha de confessar-vos, mas eu não atirei 20.000 euros para o caixão. Do envelope retirei 4.000 euros para as obras de restauro da sacristia.
Então, o médico disse:
– Bem, eu também tenho algo para contar. Do envelope com 20.000 euros, retirei 5.000 para ajudar na compra de novos equipamentos para o hospital.
O advogado, olhando para ambos com ar de censura, disse:
– Traíram o nosso pai! Eu fui o único que cumpriu fielmente a sua última vontade. Deixei um envelope com um cheque meu de 60.000 euros e retirei o troco.

O ENCONTRO

Dois advogados estavam a sair do tribunal quando um deles se virou para o colega e disse:
– E então vamos tomar alguma coisa?
Entusiasmado o outro respondeu:
– Vamos! De quem?

Advogados

EXECUÇÃO PARA ENTREGA DE COISA CERTA

Uma mulher estava insatisfeita com seu casamento. Como o seu marido nunca a levava a passear, nem lhe comprava presentes, passou a ter dores de cabeça diariamente.

Inconformado, o marido consulta um advogado.

Conselho jurídico: acção de execução para entrega de coisa certa...

DE QUEM É A NOZ?

Dois pequenos esquilos andavam pela floresta. O primeiro viu uma noz e disse:

– Olha, uma noz!

O segundo deu um salto e agarrou a noz.

O primeiro disse:

– Eu vi-a primeiro.

– Tu viste-a primeiro, mas eu apanhei-a primeiro.

Nesta altura, um esquilo advogado que ia a passar disse:

– Não vale a pena discutirem. Eu resolvo a questão. Dêem-me a noz.

Pegando na noz, partiu-a ao meio e deu metade a cada um.

– Vêem como se resolveu tudo facilmente? – Disse ele, para satisfação dos dois esquilos.

– Agora, para pagamento dos meus honorários, fico com o recheio.

Humor Jurídico: As Melhores Anedotas

O COELHO E A COBRA

Um coelhinho cego encontra uma cobra cega. Como nenhum sabe que tipo de animal é, decidem examinar-se um ao outro. O coelho diz à cobra para começar. A cobra começa a sentir o coelho e diz:
– Bem, estás coberto de um pelo macio, tens um pequeno rabo de algodão, duas orelhas longas...
O coelho cheio de alegria diz:
– Já sei! Sou um coelhinho! Viva!
Então começa o coelho a sentir a cobra.
– Hum. És frio, tens uma língua bifurcada...
A cobra diz:
– Oh não, sou um advogado!

SOCIEDADE DE ADVOGADOS

Soa o telefone no escritório de uma grande sociedade de advogados.
– Bom dia. Sociedade de Advogados Silva, Silva, Silva e Silva. Em que o podemos ajudar?
– Desejava falar com o Dr. Silva.
– Lamento, mas o Dr. Silva está fora.
– Então passe por favor a chamada ao Dr. Silva.
– Não vai ser possível pois o Dr. Silva está numa reunião.
– Então ponha-me por favor em contacto com o Dr. Silva.
– Não é possível pois o Dr. Silva está de férias
– Se assim é, então posso falar com o Dr. Silva?
– Um momento por favor.
– Sim. Fala o Dr. Silva...

Advogados

ADVOGADO NO INFERNO

Um advogado morreu e foi para o inferno.
Um mês depois, S. Pedro recebe uma carta do Diabo encaminhando o advogado.
A carta dizia:
"Devolvo, com a presente, a alma do advogado que a acompanha, por absoluta impossibilidade de mantê-lo sob o meu domínio, pelas seguintes razões:
Abriu um escritório de consultadoria jurídica e convenceu os restantes habitantes a processarem-me com base na periculosidade das instalações.
Depois, interpôs uma acção no Supremo Tribunal Infernal requerendo a inconstitucionalidade da minha autoridade por excesso de concentração de poder.
Por fim, abriu uma agência imobiliária, loteou o Inferno e começou a vender as parcelas de terreno em módicas e suaves prestações".

DESCRIMINAÇÃO DOS HONORÁRIOS

Um cliente, sentindo que a conta apresentada pelo seu advogado era demasiado elevada, solicitou que fossem discriminados os vários custos.
Passados alguns dias recebeu um grosso maço de folhas em que constava o seguinte artigo:
– "Estava a andar no centro da cidade quando o vi no outro lado da rua. Dirigi-me para a passadeira e, quando o semáforo deu sinal verde para os peões, atravessei a rua. Aproximei-me e percebi que não era o senhor: 50 €".

ESTÁTUA DE BRONZE

Num antiquário, um turista deparou-se com uma intrigante escultura de bronze de um rato.

Tendo ficado encantado com peça tão original, pergunta o seu preço.

– Essa peça custa 10 euros, mas a sua história custa 1.000 euros – Diz o dono da loja.

– Pode ficar com a história. Levo apenas a escultura.

O turista paga e, de imediato, sai da loja com a escultura debaixo do braço.

Enquanto atravessava a rua, alguns ratos saem do bueiro e começam a segui-lo.

Quanto mais o homem apressa o passo, mais ratos se reúnem na sua peugada.

Receando pela sua vida, dirige-se rapidamente para o rio que atravessa a cidade, sendo perseguido por milhares de ratos.

Na margem do rio, com todos os ratos a aproximar-se aos guinchos, atira a estatueta para a água.

Sem hesitar, todos os ratos da cidade, perseguindo a estatueta, saltam para o rio e afogam-se.

Depois de recuperar do susto, o homem regressa ao antiquário.

– Ah, voltou por causa da história sobre a estatueta do rato? – Diz o dono.

– Não! Imaginava apenas se teria para venda uma estatueta de bronze de um advogado.

Advogados

ADVOGADO LEVA DINHEIRO PARA O CÉU

Um advogado velho e forreta, a quem tinha sido diagnosticada uma doença terminal, estava decidido a levar a sua fortuna consigo para o outro mundo.
Depois de muito pensar no assunto, concebeu uma forma de o concretizar. Pediu à mulher que fosse ao banco e que levantasse dinheiro suficiente para encher duas malas de mão. Depois, deveria colocá-las no sótão, exactamente por cima da cama dele.
O plano dele era simples. Depois de morrer, e enquanto ascendia ao Céu, agarraria nas duas malas e levá-las-ia consigo.
Algumas semanas após o funeral, a viúva do advogado estava a limpar o sótão quando encontrou as duas malas cheias de dinheiro.
– Oh, aquele pateta! Bem me parecia que eu não devia ter deixado as malas no sótão, mas sim na cave...

ADVOGADO PAGA INDEMNIZAÇÃO

Um advogado está no escritório quando entra um vizinho seu que pergunta:
– Se um cão que não é meu, entrar na minha casa e comer dois quilos de carne pousados na banca da cozinha, tenho o direito de pedir uma indemnização?
– Claro que sim!
– Então, o senhor Dr. faça o favor de me pagar 20 €, pois o cão era o seu!
– Com certeza! O advogado entrega de imediato um cheque no valor de 20 €.
Dois dias depois, o vizinho recebe uma carta do advogado com uma conta de 200 € pela consulta.

Humor Jurídico: As Melhores Anedotas

EXPEDIÇÃO A MARTE

A ESA estava a entrevistar portugueses de várias áreas profissionais para fazerem parte de uma expedição sem retorno a Marte.

Ao primeiro candidato, que era engenheiro, perguntaram quanto dinheiro queria para aceitar ser incluído na missão.

– 1 milhão de euros. Quero doá-los à Faculdade de Engenharia do Porto.

Ao segundo, que era um médico, foi feita a mesma pergunta.

– 2 milhões de euros. Um para deixar à minha família e outro para doar ao IPO.

O terceiro candidato era advogado. Confrontado com a mesma pergunta, respondeu:

– 3 milhões de euros.

– Porque quer muito mais dinheiro do que os outros candidatos?

O advogado aproximou-se do entrevistador e murmurou-lhe ao ouvido.

– 1 milhão para mim, 1 milhão para si e mandamos o engenheiro para Marte.

DIGA TODA A VERDADE

Um advogado estava a instruir o seu cliente sobre o seu depoimento no julgamento.

– Tem que jurar dizer toda a verdade. Compreende?

– Sim!

– Sabe o que acontece se não disser a verdade?

O cliente olhou para o advogado e disse:

– Ganhamos o caso?

Advogados

AUTOCARRO DE ADVOGADOS

Numa noite escura e chuvosa, um autocarro de turismo cheio de advogados voltava de um congresso quando, numa curva, derrapa e cai por uma ribanceira.
Um dos moradores pacorda sobressaltado, levanta-se e vai ver o que aconteceu. Ao presenciar aquele terrível espectáculo começa, rapidamente, a abrir um enorme buraco para enterrar todos os corpos.
Quando acaba, liga à polícia para comunicar o ocorrido. Pouco tempo depois, chegam uma ambulância e um carro da polícia.
Pergunta um dos agentes da polícia:
– Onde estão os advogados?
– Enterrei-os naquela clareira.
– Mas... estavam todos mortos?
– Bem...alguns diziam que não, mas o senhor sabe como os advogados mentem...

PRESTAÇÃO DE UM EMPRÉSTIMO AUTOMÓVEL

Um advogado expõe os seus honorários a um cliente.
– Estive a estudar o seu caso e aceito defendê-lo. A título de honorários irei cobrar 1000 € de entrada e depois 500 € mensais durante os próximos 48 meses.
– Tanto? Isso parece-me o pagamento de um empréstimo para a compra de um automóvel! – Reclama o cliente.
– Tem razão. É o meu.

Humor Jurídico: As Melhores Anedotas

UM ADVOGADO HONESTO

Uma mulher independente iniciou o seu próprio negócio. Devido à sua dedicação, o negócio prosperou. Não tardou muito a compreender que necessitava de um conselheiro jurídico nos seus quadros. Para esse fim, começou a entrevistar advogados.

– Como, de certeza, deve compreender, num negócio como este, a integridade pessoal é um requisito fundamental. O senhor Dr. considera-se um advogado honesto?

– Honesto? – Replicou o candidato – Deixe-me dizer-lhe algo sobre honestidade. Eu sou tão honesto que o meu pai emprestou-me 50.000 euros para os meus estudos e, logo após o meu primeiro caso em tribunal, devolvi-lhe a totalidade desse valor.

– Impressionante. E que caso foi esse?

O candidato contorceu-se um pouco na cadeira e respondeu em voz baixa:

– O meu pai processou-me por causa dessa quantia.

SOCIEDADE DE ADVOGADOS É ASSALTADA

Um bando de ladrões invadiu, por engano, os escritórios de uma sociedade de advogados. Estes lutaram ferozmente pelas suas vidas. O bando ficou muito aliviado quando escapou.

– Afinal não foi assim tão mau. – Disse um dos ladrões – Ficamos com 25 euros para dividir entre nós.

O chefe, furioso, gritou:

– Eu bem vos avisei para ficarem longe de advogados. Antes de entrarmos no clube tínhamos 100 euros!

Advogados

CORTE GRÁTIS

Um barbeiro cortou o cabelo a um padre. Quando este tentou pagar o serviço, o barbeiro recusou, dizendo:
– Não é nada. O senhor padre tem a seu cargo uma missão divina.
No dia seguinte, o barbeiro encontrou uma dúzia de bíblias à porta da barbearia.
Um polícia foi cortar o cabelo e, novamente, o barbeiro recusou o pagamento, dizendo:
– Não me deve nada. O senhor guarda presta um serviço essencial à comunidade, zelando pela segurança de todos nós.
No dia seguinte, o barbeiro encontrou uma dúzia de sandes à sua porta.
Um advogado foi cortar o cabelo e, mais uma vez, o barbeiro recusou o pagamento, dizendo:
– Não tem nada a pagar. O senhor Dr. é um defensor do Direito e da Justiça.
No dia seguinte, quando chegou à barbearia, o barbeiro encontrou uma dúzia de advogados à porta, à espera de um corte grátis.

ADVOGADO FAZ UM DESCONTO

Uma pessoa consultou um advogado. Como não tinha possibilidade de pagar os elevados honorários que este exigia, pediu-lhe um desconto de 50%.
O advogado acedeu e o cliente saiu agradecido do seu escritório. Todavia, o seu contentamento durou apenas até ao momento em que ouviu o seu advogado alegar perante o júri que ele era totalmente inocente de 50% das acusações...

MAIS UMA BEBIDA

Um homem senta-se ao balcão de um bar, olha para dentro do bolso da sua camisa e pede um whisky duplo. Uns minutos depois, volta a olhar para dentro do bolso e pede mais um whisky duplo. Esta rotina mantém-se por algum tempo até que, olhando uma última vez para dentro do bolso, diz ao empregado que já bebeu que chegue.

Pergunta-lhe o empregado:

– Desculpe, mas eu estou cheio de curiosidade. Porque é que antes de pedir uma bebida, olha sempre para o bolso da sua camisa?

– Oh! Eu tenho a foto do meu advogado dentro do bolso e, quando ele começa a me parecer honesto, sei que já bebi demais.

HERANÇA DE UM HOMEM RICO

Um professor perguntou aos seus alunos:

– Um homem rico morre e deixa 10 milhões de euros. Deixou 1/5 à sua mulher, 1/5 ao seu filho, 1/10 ao seu mordomo e o resto a uma instituição de caridade. Digam-me o que é que cada um tem!

Após um longo silêncio, um dos alunos respondeu:

– Tem que arranjar um advogado!

TRILHOS NA FLORESTA

Dois advogados estavam a caçar quando se depararam com um par de trilhos. Após um exame atento, o primeiro declarou que eram trilhos de veados. O segundo discordou, insistindo que deviam ser trilhos de alces.

Discutiam quando o comboio os atropelou...

Advogados

FÉRIAS NA PRAIA

Um medico estava a passar férias junto ao mar com a família. Um dia estava na praia e, ao ver uma barbatana dorsal no mar, desmaiou.
– Querido, era só um tubarão. – Disse-lhe a mulher quando ele acordou – Tens que deixar de ver advogados em todo o lado...

HONORÁRIOS VARIÁVEIS

O réu tinha um longo passado criminoso. Preocupado com a sentença, diz ao advogado:
– Dr., se conseguir que eu seja condenado só a três anos, dou-lhe mais 10.000 euros além do combinado. Se forem dois anos, dou-lhe mais 20.000 euros. Se conseguir que eu apanhe apenas um ano, dou-lhe mais 30.000 euros.
Depois do julgamento, o advogado informa-o, entusiasmado:
– Foi condenado a apenas um ano de prisão! E olhe que me deu muito trabalho, porque eles queriam absolvê-lo...

NOVA FUNCIONÁRIA

Uma sociedade de advogados contrata uma secretária oriunda de uma vila do interior. Os dois principais sócios conversam:
– Estou preocupado com a nova secretária. É tão ingénua quanto atraente. Tenho receio que se aproveitem dela. Penso que deveríamos explicar-lhe as coisas boas e as coisas más da vida na cidade.
– De acordo! Tu explicas-lhe as coisas boas...

Humor Jurídico: As Melhores Anedotas

VISÃO DO INFERNO

No séc. XIX, durante uma peregrinação, um padre parou numa pequena cidade numa fria noite de Inverno. Entrou num restaurante para se aquecer. Lá encontrou vários advogados reunidos à volta da salamandra a discutir os assuntos da cidade. Um deles perguntou ao padre:
– Então senhor padre, que novidades nos traz?
– Há poucas noites atrás, tive uma visão sobre o inferno.
– E o que é que viu?
– Mais ou menos o mesmo que vejo aqui. Todos os advogados reunidos no local mais quente...

PORQUE DEUS CRIOU OS ADVOGADOS?

Satanás queixava-se amargamente a Deus:
– Criaste um mundo injusto, em que a maioria das pessoas tem de lutar diariamente, contra os seus instintos naturais, enfrentando todos os tipos de perdas, desgostos, desastres, e catástrofes. Apesar disso, as pessoas adoram-vos. Lutam, são presas, enganam-se umas às outras, e depois eu é que sou culpado, mesmo quando não é responsabilidade minha. Sei que sou mau, mas dai-me um descanso. Não podeis fazer alguma coisa para que parem de me atribuir todas as culpas?
E Deus criou os advogados...

Advogados

CÉU OU INFERNO

Um sócio de uma sociedade de advogados caminha tranquilamente quando é atropelado por um condutor embriagado. A sua alma chega ao Paraíso, encontrando S. Pedro na entrada.

– Seja bem-vindo! – Diz S. Pedro – Como temos poucos advogados connosco, não temos a certeza de que se vai sentir integrado. Assim, antes de escolher onde quer passar a eternidade, vai experimentar passar um dia no Inferno e outro dia no Paraíso.

S. Pedro acompanha-o até ao elevador que desce até ao Inferno. Quando a porta se abre, depara-se com um lindo campo de golfe. Ao fundo, na esplanada de um requintado "Country Club", encontram-se antigos colegas que o cumprimentam efusivamente. Felizes, começam a falar sobre os bons velhos tempos. Após uma partida descontraída, banqueteiam-se com lagosta e caviar. O diabo revela-se um excelente anfitrião, certificando-se constantemente que nada falte. Divertem-se tanto que rapidamente chega a hora de ir embora. Emocionados, acenam enquanto o elevador sobe.

O dia seguinte é passado no Paraíso, junto a um grupo de almas que saltam de nuvem em nuvem, tocando harpas e cantando. À noite jantam deliciosos frutos e vegetais

No final do dia encontra S. Pedro.

– E então? Já escolheu?

– Bem, eu nunca pensei tomar esta decisão. O Paraíso é realmente agradável, mas passei um dia muito feliz no Inferno.

S. Pedro, consternado, acompanha-o ao elevador.

Quando a porta se abre, depara-se com um enorme terreno baldio cheio de lixo e com um cheiro horrível. Os

Humor Jurídico: As Melhores Anedotas

seus amigos têm as roupas rasgadas e sujas. Alguns deles lutam, disputando pedaços de comida podre. O diabo recebe-o sorridente.
– Não entendo! – Gagueja o advogado – Ontem estive aqui e vi um campo de golfe e os meus amigos felissíssimos.
– Ontem estávamos a recrutá-lo. Hoje já pertence à sociedade...

ENGANO

Um jornal local publicou, por engano, o obituário do mais antigo advogado da cidade. Este telefonou de imediato para o jornal e ameaçou processá-los, caso não rectificassem o erro.
Na edição seguinte, foi publicado o seguinte anúncio: "Lamentamos que o obituário publicado na edição anterior tenha sido um erro".

PARTILHAS DO DIVÓRCIO

Encontram-se dois amigos que já não se viam há muito tempo.
– Não sei se sabes, mas divorciei-me.
– Não me digas! E como é que fizeram?
– Contratamos um advogado que nos auxiliou com a partilha dos bens.
– E não tiveram problemas com os filhos?
– Não! Foi fácil. Decidimos que aquele que ficasse com a maioria dos bens, ficaria com a custódia dos filhos.
– E quem ficou com eles?
– O advogado...

Advogados

ADVOGADO ENTRA NO CÉU

Um advogado morre e vai para o Céu. Quando chega encontra S. Pedro.
– Eu sou advogado e quero entrar no Céu!
– Desculpe, mas não pode entrar.
– Mas, porquê? Quem é que o senhor é para me dizer que não posso entrar?
– Eu sou Pedro, o guardião dos portões do Céu. Sou eu quem decide quem entra.
– Então, mostre-me o seu contrato de trabalho!
S. Pedro, preocupado, corre em direcção a Jesus para lhe contar o sucedido. Jesus acompanha-o até à beira do advogado, e diz:
– Lamento, mas não pode entrar. Desça a colina e bata à porta do inferno que, de certeza, lhe darão guarida.
– Como? E quem é o senhor para me dizer que eu não posso entrar no paraíso?
– Eu sou Jesus, o filho de Deus.
– O filho de Deus? Mostre-me a sua certidão de nascimento para eu comprovar o que afirma.
Aflito, Jesus procura Maria. Depois de lhe explicar o problema, Maria vai ter com o advogado e diz:
– Sou Maria, a mãe de Jesus e a esposa de Deus.
– Se assim é, então mostre-me a sua certidão de casamento!
Maria, Jesus e S. Pedro vão ter com Deus.
– Senhor, ajudai-nos! Está ali fora um advogado que quer entrar à viva força. Primeiro pediu o contrato de trabalho do S. Pedro. Depois, a certidão de nascimento de Jesus. Agora quer ver a certidão de casamento de Maria. O que devemos fazer?
– Deixai-o entrar! Ou ele ainda me pede o registo de propriedade do Céu …

Humor Jurídico: As Melhores Anedotas

5 CÊNTIMOS

S. Pedro lê uma extensa lista que descreve os pecados de um advogado que se encontra às portas do Céu:
– Defender uma empresa que causou a destruição de uma vila por contaminação ambiental;
– Defender um perigoso psicopata que assassinou uma dúzia de pessoas com requintes de malvadez;
– Cobrar aos clientes honorários excessivos, etc, etc.
O advogado tenta defender-se:
– Mas, e aquilo que fiz de bem durante a minha vida?
S. Pedro pega numa folha e diz:
– Bem, realmente vejo aqui que certo dia deu 5 cêntimos a mais ao seu sapateiro. Isto é verdade?
– Sim! Lembro-me perfeitamente.
Então, S. Pedro vira-se para o anjo que tem ao seu lado e diz-lhe:
– Dá-lhe 5 cêntimos e diz-lhe para ir para o inferno...

DEITADO AO SOL

Está uma mulher a limpar o jardim da sua casa quando repara que o seu vizinho advogado encontra-se a apanhar sol, no pátio da casa ao lado.
– Como está? Não me diga que está de férias?
– Infelizmente não, mas estou a aproveitar para roubar uns raios de sol.
– O senhor Dr. está sempre a trabalhar! Nunca pára...

CARTAZ PUBLICITÁRIO

Cartaz publicitário de um advogado americano:
Advogado especialista em divórcios e, de seguida, em falências.

Advogados

COLEGA DE PROFISSÃO

Após a consulta, o cliente pergunta ao advogado:
– Quanto tenho a pagar, senhor Dr.?
– São 500 €
– Tanto? Não faz um desconto a um colega de profissão?
– O senhor também é advogado?
– Não. Também sou usurário!

SINTOMAS DE INSOLVÊNCIA

Se um advogado apresentar algum dos sintomas abaixo descritos, é muito provável que padeça de "Insolventia Gravis", uma doença extremamente contagiosa e frequentemente transmitida aos seus clientes.

1. No cesto de revistas da sala de espera, apenas tem o Boletim da Ordem dos Advogados;
2. Quando se telefona para o escritório, é sempre o advogado que atende;
3. Está disponível para reunir, seja qual for a hora, ou o dia, da semana;
4. Anota os seus compromissos em guardanapos de papel;
5. A secretária e a empregada de limpeza são a mesma pessoa e só está no escritório uma vez por semana;
6. Serve café solúvel aos clientes com água quente que retira de uma garrafa térmica;
7. Usa os mesmos Códigos há 10 anos;
8. As prendas de natal que oferece aos clientes são todas "made in China";
9. Aceita o pagamento dos honorários em géneros.

Humor Jurídico: As Melhores Anedotas

ADVOGADO ASSALTADO

Um advogado sai do seu escritório e dirige-se para casa quando é confrontado com um homem de arma em punho.
– Entregue-me tudo o que tem!
– Tome! – diz o advogado, entregando a carteira que retira do bolso das calças.
Quando introduz a mão no bolso interior do casaco, o ladrão grita:
– Pare imediatamente. O que vai aí buscar?
– O meu cartão de visita, para o caso de no futuro precisar de um advogado de defesa.

CORREDOR DA MORTE

Um condenado, em vésperas de ser executado na cadeira eléctrica, aguarda ansiosamente na sua cela. O seu advogado interpôs um último recurso o qual se revela a última hipótese de revogar a pena de morte.
Quando o advogado entrou na cela, o prisioneiro não se consegue conter:
– Senhor Dr.! Pelo amor de Deus, diga-me como é que ficou a minha situação?
– Calma, que tenho boas notícias. Conseguimos uma grande vitória.
– Conseguiu revogar a pena de morte? Isso quer dizer que vou viver?
– Não, não é bem assim... Consegui a diminuição da pena para metade. Em vez de a execução ser a 6.000 volts, será apenas a 3.000...

Advogados

ACIDENTE AUTOMÓVEL

Os carros de um médico e de um advogado chocam num aparatoso acidente.

O médico, preocupado, sai rapidamente do seu carro e pergunta ao advogado se ele está ferido. Depois de o examinar constata que não tem nada de grave.

Depois de verificarem o estado dos seus carros e a razão do acidente, concluem que nenhum é culpado, dado o mau estado e a má sinalização da via. Assim, decidem que cada um assumirá os seus prejuízos.

O advogado, vendo que o médico ficou um pouco combalido com o acidente, oferece-lhe um Whisky. O médico agradece, bebe um copo e devolve a garrafa. O advogado guarda-a sem beber.

– Não vai beber? – Pergunta o médico.

– Claro que sim! Depois da polícia chegar.

AVIÃO EM QUEDA

Um avião estava com problemas nos motores. O piloto solicitou a todos os passageiros que se mantivessem sentados nas suas cadeiras, com o cinto de segurança apertado, preparando-se para uma aterragem de emergência. Pouco depois, pergunta à hospedeira se está tudo preparado, ao que esta responde:

– Estão todos sentados, comandante! Com o cinto de segurança apertado e na posição adequada, excepto um advogado que circula de cadeira em cadeira para distribuir o seu cartão de visita.

Humor Jurídico: As Melhores Anedotas

O SEXO SEGUNDO OS PROFISSIONAIS

Segundo o médico é uma doença, porque termina sempre na cama.

Segundo o engenheiro é uma máquina perfeita, porque é a única em que se trabalha deitado.

Segundo o arquitecto é um erro de projecto, porque a área de lazer fica muito próxima da área de saneamento.

Segundo o político é um acto democrático, porque todos gozam, independentemente da posição.

Segundo o economista é um deficit, porque entra mais do que sai e às vezes não se sabe qual é o activo e qual é o passivo.

Segundo o contabilista é um exercício perfeito: põe-se o bruto, faz-se o balanço, tira-se o bruto e fica o líquido, podendo, na maioria dos casos, ainda gerar dividendos.

Segundo o matemático é uma equação perfeita, porque a mulher eleva o membro à sua máxima potência, extrai-lhe o produto e redu-lo à sua mínima expressão.

Segundo o advogado é uma injustiça, porque há sempre um que fica por baixo.

ADVOGADO DE UM POLÍTICO

Um Presidente de Câmara estava a ser julgado por corrupção. Enquanto decorria o julgamento, aguardava ansioso na sua casa. De repente, toca o telefone e o seu advogado exclama, sem esconder a euforia:

– Senhor Presidente! Fez-se justiça!

O político responde sem hesitar:

– Então recorra, Dr.!

Advogados

O RELÓGIO DO ADVOGADO

Um advogado estava a estacionar o seu novo Mercedes, em frente ao seu escritório.
Quando começa a sair do carro, passa um camião, em alta velocidade, que raspa no Mercedes e arranca-lhe a porta.
Completamente atordoado, chama a polícia através do seu telemóvel. Quando esta chega ao local do acidente, o advogado estava a queixar-se amargamente dos estragos causados ao seu precioso automóvel.
– O que fizeram ao meu carro! Vou descobrir quem conduzia aquele maldito camião e lançá-lo para a cadeia!
Quando, finalmente, se calou, um dos dois polícias comentou:
– É melhor o senhor Dr. deitar-se pois está a perder sangue. A batida arrancou-lhe o braço esquerdo...
– Meu Deus! – Gritou o advogado, finalmente notando que lhe faltava um braço – Onde está o meu Rolex!

GENTILEZAS ENTRE COLEGAS

Um advogado, nas suas alegações orais, copia descaradamente muitos dos argumentos usados pelo defensor da parte contrária.
A seguir, alega este último:
– O meu colega é uma sumidade no estudo do Direito Civil! Eu diria até que é um papa no assunto. E não fica atrás de Gaio, que foi um dos mais excepcionais juristas romanos. Então colega, deixe-me saudá-lo como Papagaio!

Humor Jurídico: As Melhores Anedotas

DONATIVOS A INSTITUIÇÂO DE SOLIDARIEDADE

Por altura do Natal, uma instituição de caridade fez uma campanha de recolha de donativos. O director da instituição decidiu ir falar com os indivíduos mais ricos da cidade. Chegou a vez de ir ter com o advogado mais bem sucedido o qual, segundo os registos, nunca tinha feito qualquer donativo.

O director tentou apelar ao seu coração:

– Estamos no Natal e a nossa instituição está a recolher dinheiro para auxiliar os mais pobres. Penso que o senhor Dr. não terá qualquer problema em nos fazer um generoso donativo.

O advogado respondeu:

– O senhor se calhar não sabe que a minha mãe está gravemente doente e que as suas despesas com os médicos e a farmácia são muito, mas muito superiores à sua pensão?

– Não sabia! – Murmurou, desconcertado, o director.

– Ou que o meu irmão é cego e que está desempregado?

O director nem se atreveu a abrir a boca.

– Ou que o meu cunhado morreu num acidente automóvel e deixou a minha irmã sem um tostão e com 5 filhos menores para criar? – Disse o advogado já com ar de indignação.

O director, sentindo-se muito constrangido, disse:

– Eu não tinha a menor ideia de tudo isso...

– Se eu não lhes dei um tostão, por que é que iria dar à sua instituição?

Advogados

ADVOGADO ÀS PORTAS DA MORTE I

No leito de morte o advogado pede uma Bíblia e começa a lê-la fervorosamente. Sublinha-a, escreve remissões, marca páginas...
A sua família está completamente surpreendida.
– Sabes, nunca pensamos que te convertesses!
– Não me converti! Estou apenas à procura de lacunas na Lei!

ADVOGADO ÀS PORTAS DA MORTE II

Resta pouco tempo de vida ao advogado. O padre entra no quarto para lhe dar a extrema-unção:
– Antes de morrer, reafirme a sua fé em nosso Senhor Jesus Cristo e renegue o Demónio.
O advogado não diz nada.
O padre pergunta:
– Porque não quer renegar o Demónio?
– Enquanto não souber para onde vou, não quero ficar mal com ninguém!

TESTAMENTO

Um homem de muitas posses consultou um advogado:
– Tenho muitos filhos e gostava que o senhor Dr. me elaborasse um testamento que não provocasse polémica entre eles!
Respondeu o advogado:
– Isso é completamente impossível! Deus, que tudo sabe e tudo pode, fez dois, o antigo testamento e o novo testamento e ainda hoje não se sabe qual dos dois se obedece...

Humor Jurídico: As Melhores Anedotas

O CONTABILISTA SURDO-MUDO

Um chefe da Máfia descobriu que o seu contabilista tinha desviado 10 milhões de euros das suas contas. O contabilista era surdo-mudo e essa tinha sido a razão que levara o mafioso a contratá-lo. Com essa deficiência, não poderia ouvir certos segredos e depois contá-los em tribunal.

Quando o mafioso foi ter com o contabilista, além de levar os seus capangas, foi acompanhado do seu advogado, o qual sabia a linguagem gestual dos surdos.

– Onde estão os 10 milhões que desapareceram da minha conta? – Perguntou o mafioso.

O advogado, gesticulando com as mãos, traduziu para o contabilista, que respondeu, também, através de sinais:

– Eu não sei do que estão a falar...

O advogado traduziu para o mafioso:

– Ele disse não saber do que se trata.

O mafioso saca de uma pistola e encosta-a à testa do contabilista, gritando:

– Diga-lhe que, se não me disser onde está o dinheiro, eu mato-o já aqui...

– Ele não está a brincar! Mata-te de imediato se não contares onde está o dinheiro. – Traduz o advogado.

O contabilista aterrorizado, apercebendo-se que não lhe resta outra solução, explica ao advogado onde está o dinheiro.

O mafioso perguntou:

– O que é que ele disse?

– Ele disse que o senhor não é suficientemente homem para puxar o gatilho!

Advogados

ADVOGADOS E ENGENHEIROS

Numa estação de comboios estavam 3 engenheiros e 3 advogados para apanhar um comboio para uma conferência. Os engenheiros compram 1 bilhete para cada um, mas os advogados compram, entre todos, apenas um bilhete. Perplexos, os engenheiros perguntam:
– Como é que vão viajar apenas com um bilhete?
– Não se preocupem. Observem e aprendam! – Respondem os advogados.
Logo que entram no comboio, os 3 advogados entram juntos no mesmo WC e fecham a porta.
Pouco depois da partida, o revisor vem verificar os bilhetes. Quando passa junto do WC dos advogados, vê a luz acesa, bate à porta e diz:
– O bilhete, por favor!
Abre-se só uma frincha da porta, através da qual sai uma mão com o bilhete. O revisor pica-o, agradece e prossegue a inspecção.
Os engenheiros acham a ideia genial. Por isso, decidem copiar os advogados na viagem de regresso.
Assim, quando chegam à estação, compram um único bilhete para todos. Para seu espanto, os advogados não compram um único bilhete.
– Como é que vão viajar sem bilhete?!
– Não se preocupem connosco, somos advogados!
Depois de entrarem no comboio, os engenheiros enfiam-se dentro de um WC e fecham a porta. Os advogados fazem o mesmo no WC do lado.
Pouco tempo depois, um dos advogados sai, bate à porta do WC dos engenheiros e diz:
– O bilhete por favor...

Humor Jurídico: As Melhores Anedotas

LEÃO FOGE DA JAULA

Num circo, decorria o número do domador de leões. Acidentalmente, a porta da jaula abriu-se e o leão saltou para cima das bancadas. As pessoas começaram a correr alvoraçadas de um lado para o outro. Perto do leão, encontrava-se um advogado conhecido que tinha ficado preso ao banco. Desesperadamente tentava libertar-se, sem o conseguir. Alguns, ao verem a aflição do desgraçado, gritaram para o acudir:
– Olha o advogado! Olha o advogado!
O leão aproximava-se cada vez mais.
– Olha o advogado! Olha o advogado!
O advogado, sem aguentar mais, berrou:
– Bolas! Ao menos deixem o leão escolher!

RAPTADOS POR TERRORRISTAS

Um grupo de terroristas, extremamente perigoso, barricou-se num tribunal, fazendo reféns todos os advogados que lá se encontravam.
Após serem contactados pela polícia que cercava o tribunal, transmitiram a lista de exigências e advertiram:
– Atenção! Se não satisfizerem as nossas exigências, soltaremos, de hora em hora, um advogado são e salvo.

DECRETADO O DIVÓRCIO

Duas amigas conversam:
– Então, ainda falta muito para o teu divórcio ser decretado?
– O pesadelo terminou! O meu ex-marido ficou com o apartamento e o meu advogado ficou com os 2 carros e a casa de praia...

Advogados

O GÉNIO DA LÂMPADA I

Um advogado caminhava numa praia quando encontrou uma lâmpada de azeite. Quando a segurou, para sua surpresa, apareceu um génio.
– Mestre! – Disse o génio – Obrigado por me ter libertado da minha prisão milenar. Para demonstrar o meu agradecimento, vou conceder-lhe 3 desejos. Porém, todos os restantes advogados do mundo irão receber o dobro do que desejar.
Em primeiro lugar, o advogado desejou um bilião de euros.
E um bilião de euros apareceu aos seus pés.
– Agora, cada um dos seus colegas acabou de receber 2 biliões de euros. – Disse o génio – Qual é o seu segundo desejo?
– Uma mulher escultural, de cabelo louro e olhos verdes.
– Retorquiu o advogado.
Num piscar de olhos, surge à sua frente a mulher mais sensual que alguma vez vira.
– Neste momento, cada um dos seus colegas tem duas mulheres esculturais. – Lembrou o génio – O que vai pedir com o seu último desejo?
O advogado pensou durante um minuto e, sorrindo ligeiramente, respondeu:
– Bem, eu sempre quis doar um rim...

INDIGESTÃO

Uma mulher no consultório do médico:
– Doutor, o meu filho comeu um punhado de terra. Isso far-lhe-á mal?
– Acalme-se! Conheço vários advogados que engoliram propriedades inteiras e não lhes aconteceu nada...

O GÉNIO DA LÂMPADA II

Um advogado, um juiz e um procurador do ministério público caminhavam num deserto quando se depararam com uma lâmpada de azeite.

Quando a esfregaram, um génio apareceu numa nuvem de fumo. Agradecido por ter sido libertado, o génio disse que realizaria um desejo de cada um deles.

O juiz, lembrando-se da vida de sacrifício dos magistrados, pediu:

– Eu desejo viver numa ilha paradisíaca e lá formar uma República com todos os juízes do mundo, sem problemas nem processos.

O génio imediatamente realizou o pedido, fazendo desaparecer o juiz.

O procurador gostou da ideia do juiz. Assim, pediu:

– Eu também desejo uma ilha tropical, para formar uma República com todos os procuradores do mundo, mas distante da ilha dos juízes.

O génio atendeu o pedido do procurador, enviando-o de imediato para a sua ilha.

Então, perguntou ao advogado:

– O que vai pedir?

– Caramba! Já me fez dois favores tão grandes, que basta me pagar um café e ficamos quites.

SETE ANOS DE AZAR

Dois amigos conversam num bar:

– Ontem parti um espelho.

– Isso dá sete anos de azar!

– Mas eu felizmente consultei o meu advogado e ele diz que, se eu lhe entregar o caso, consegue reduzir para cinco...

Advogados

A PROFISSÃO MAIS ANTIGA

Um juiz, um médico, um engenheiro e um advogado discutiam sobre qual era a profissão mais antiga.
O juiz argumentou:
– Antes de expulsar Adão e Eva do paraíso, Deus julgou-os. Foi o primeiro julgamento da história e, portanto, a minha profissão é a mais antiga de todas.
O médico respondeu:
– Sim, mas antes disso, lembre-se de que Deus criou Eva a partir de uma costela do Adão.
Foi a primeira cirurgia da história o que leva a minha profissão a ser a mais antiga de todas.
O engenheiro retorquiu:
– Ambos têm razão, mas antes da cirurgia e do julgamento, em 6 dias Deus criou o Universo a partir do caos.
Têm de admitir que foi um notável projecto de engenharia e, portanto, a minha profissão é a mais antiga.
O advogado sorriu maliciosamente e disse:
– E quem pensam que criou o caos?

6 MESES DE VIDA

Um médico disse à sua paciente que os exames indicavam que ela padecia de uma doença terminal e que só lhe restavam seis meses de vida.
– Tão pouco tempo? Não há nada que se possa fazer, Doutor? – Perguntou a paciente.
– Case com um advogado! – Aconselhou o médico – Serão os seis meses mais longos da sua vida.

Humor Jurídico: As Melhores Anedotas

O ADVOGADO E O PAPA NO CÉU

Na mesma altura faleceram um advogado e o Papa. Quando chegaram ao Céu, foram recebidos por S. Pedro que os conduziu às suas novas moradas.
O advogado foi instalado num luxuoso palácio, com um belíssimo jardim, pomar, piscina, etc.
Quando o papa viu a vulgar moradia que lhe ia ser entregue, lamentou:
– Deve haver algum engano! Eu sou o Papa! O representante de Deus na Terra. Dediquei toda a minha vida à Igreja!
S. Pedro, pacientemente, respondeu:
– Não, não há engano algum. Espero que Sua Santidade compreenda! É que papas temos às dúzias, mas advogados... este é o primeiro que recebemos.

ALMOÇO DE COLEGAS DE ESCRITÒRIO

Três sócios de uma sociedade de advogados, estão a almoçar quando, de repente, um deles salta da cadeira e diz ao segundo:
– Bolas, esquecemo-nos de fechar o escritório!
– Não vale a pena preocuparmo-nos! – Responde o terceiro – Estamos todos aqui!

CONVERSA ENTRE PAI E FILHO

Diz o filho:
– Então pai, o que me estás a dizer é que quando uma pessoa tem um problema, chama um advogado como tu. Se conseguires resolver o problema, ganhas muito dinheiro, mas se não o conseguires resolver, também ganhas muito dinheiro...

Advogados

ADVOGADO ESPECIALISTA I

Dois amigos estavam sentados numa esplanada à beira mar quando um deles comenta:
– Passa-se alguma coisa contigo? Pareces abatido.
– Nem te conto! Estou com uma dor intensa no testículo esquerdo.
– Não te preocupes com isso! Tive um problema semelhante que foi rapidamente curado pelo meu médico.
– Então, antes de ires embora, dá-me o seu contacto.
Continuaram a beber até que, no final da noitada, quando se despediram, um deles retirou do bolso um cartão de visita do bolso e entregou ao outro, acrescentando:
– Podes consultá-lo sem receio. Esse doutor é milagreiro!
Mas, devido aos copos a mais, por engano deu-lhe o cartão do seu advogado.
No dia seguinte, o indivíduo adoentado liga para o número de telefone do cartão.
– Doutor! Estou a ligar-lhe porque sinto uma dor fortíssima no testículo esquerdo.
– Lamento meu amigo, mas sou especialista em direito.
– Raios! Vá ser assim especializado para o diabo que o carregue!

APELE

O cliente desloca-se ao escritório do seu advogado onde este lhe dá a infeliz notícia de que perdera a acção.
– Sinceramente eu não esperava essa sentença. – Diz o advogado – Mas nada está perdido. Apele!
– A pele? A pele já o senhor Dr. me tirou…

Humor Jurídico: As Melhores Anedotas

ADVOGADO ESPECIALISTA II

Um advogado não queria saber de outra função que não fosse a da sua especialidade. Um dia, quando chegou a casa, a sua esposa reclamou:
– Querido, o ferro não funciona. Podes ver o que se passa, por favor?
– Querida, acorda! Eu não sou electricista.
No dia seguinte a cena repete-se:
– Querido, o lava-loiça entupiu. Não queres tentar desentupi-lo?
– Querida, acorda! Eu não sou canalizador.
Na segunda-feira seguinte:
– Querido, a torradeira está a arder!
– Querida, acorda! Eu não sou bombeiro, eu sou advogado.
No fim-de-semana, o advogado apercebe-se que já estava tudo a funcionar perfeitamente. Então perguntou:
– Querida, quem é que fez todas as reparações?
– Ora querido, lembras-te daquele teu amigo engenheiro com quem fomos jantar fora no sábado passado?
– Sim, lembro.
– Ele prontificou-se para consertar tudo.
– Como assim? Consertou tudo de graça?
– Claro que não! Ele disse-me que eu poderia pagar de duas formas: ou cozinhar-lhe-ia um prato igual ao que comemos no restaurante ou iria com ele para um motel.
– E o que é que tu fizeste?
– Querido, acorda! Eu não sou cozinheira...

Advogados

O ADVOGADO BEBEDOLAS

Numa pequena cidade vivia um homem que nascera com uma cabeça muito grande, a quem as pessoas maldosamente se referiam como o cabeçudo.
De todos, o mais desagradável era um vizinho seu que sempre que o encontrava, dava-lhe uma palmada na cabeça e perguntava:
– Tudo bem, cabeçudo?
O cabeçudo já tinha os seus quarenta anos e o outro fulano continuava a gozá-lo.
Certo dia, a paciência acaba-se e o cabeçudo esfaqueia o vizinho.
Como a família da vítima era rica, ao contrário da do cabeçudo, e o crime tinha sido presenciado por muitas testemunhas, não encontravam advogados que o quisessem defender.
Deram-se por felizes quando a causa foi aceite por um advogado que há muito não exercia, por estar constantemente bêbado.
Quando dá início às suas alegações, o advogado bebedolas, batendo com a mão na mesa, começa assim:
– Meritíssimo Juiz, ilustre colega, digníssimos membros do júri...
Quando todos aguardavam que continuasse, ele voltou a bater na mesa e a repetir:
– Meritíssimo Juiz, ilustre colega, digníssimos membros do júri...
Foi advertido pelo juiz:
– O senhor Dr. faça o favor de prosseguir com as suas alegações.
Porém o advogado continua:
– Meritíssimo Juiz, ilustre colega, digníssimos membros do júri...

O magistrado começa a perder a paciência:
– Advirto que, se o senhor Dr. não apresentar imediatamente os seus argumentos...
Foi interrompido pelo som da pancada na mesa:
– Meritíssimo Juiz, ilustre colega, digníssimos membros do júri...
O juiz exalta-se:
– Seu irresponsável! Aparecer aqui a defender o seu constituinte completamente bêbado. Ponha-se a andar daqui para fora antes que o mande prender.
Foi então que o advogado disse:
– Se por repetir 4 vezes que o juiz é meritíssimo, que o meu colega é ilustre e que os membros do júri são dignos, sou ameaçado com a prisão, pensem na revolta deste pobre homem, que todos os dias da sua vida, durante quarenta anos, foi chamado de cabeçudo...

ÚLTIMA VONTADE DE UM MORIBUNDO

Um homem acordou numa cama do hospital e mandou chamar o seu médico. Quando ele chegou, perguntou-lhe:
– Diga-me, sem rodeios, quanto tempo tenho de vida?
– Receio que não passará desta noite.
Então o homem pediu para chamarem o seu advogado. Quando este chegou, pediu para ele ficar de um lado da cama enquanto o médico ficava do outro. Depois deitou-se, fechou os olhos e manteve-se imóvel. Pouco tempo depois o médico perguntou-lhe quais eram as intenções dele. Ao que ele respondeu:
– Jesus morreu com um ladrão de cada lado e eu gostava de morrer como ele...

Advogados

EXCESSO DE VELOCIDADE

Um polícia de trânsito manda parar um advogado que conduzia em excesso de velocidade.
– Posso ver a sua carta de condução? – Solicita o agente.
– Não tenho. Foi apreendida na última vez que cometi uma infracção.
– Posso então ver o registo de propriedade do veículo?
– O carro não é meu, é roubado!
– O carro é roubado?
– Sim, é verdade. Mas agora que penso nisso, acho que vi o registo de propriedade no porta-luvas, quando lá pus a minha pistola...
– Tem uma pistola no porta-luvas?
– Sim. Coloquei-a lá depois de matar a dona do carro e colocar o corpo dela na mala do carro.
Ao ouvir isso, o agente chamou imediatamente o seu superior. O carro foi rapidamente cercado por um cordão policial e o capitão aproximou-se do veículo para controlar a situação.
– Posso ver a sua carta de condução? – Pergunta o capitão.
– Claro, aqui está ela.
– A quem pertence este veículo?
– É meu, senhor guarda. Aqui tem o registo de propriedade.
– Abra, por gentileza, o seu porta-luvas, lentamente, por favor...
– Com certeza! – Afirma o advogado, mostrando um porta-luvas vazio.
– Pode abrir a mala do carro, por favor?
– Sim, senhor!

Não compreendo! – Diz o capitão – O agente que o mandou parar disse que o senhor afirmou não ter carta de condução, ter roubado o carro, ter uma arma no porta-luvas e um corpo na mala!

– Ah! E aposto que esse mentiroso também disse que eu ia em excesso de velocidade... só me faltava mais essa!

O CÉU COMEÇA A FICAR POVOADO

Um professor, um político e um advogado morreram e foram para o Céu.

Como o Céu estava a ficar demasiado povoado, S. Pedro decide dificultar a entrada de novos inquilinos. Assim, diz aos 3 recém-falecidos que, para passarem os portões do Céu, têm de acertar na resposta a uma pergunta.

Ao professor ele perguntou:

– Qual era o nome do navio que colidiu com um iceberg e se afundou juntamente com os seus passageiros?

O professor pensou durante uns segundos e respondeu.

– Titanic, certo?

S. Pedro deixou-o entrar.

A seguir, virou-se para o político e, achando que o Céu não precisava das suas falsas promessas, decidiu fazer-lhe uma pergunta mais difícil.

– Quantas pessoas morreram nesse barco?

O político atirou à sorte e disse:

– 1522.

S. Pedro respondeu.

– Acertou. Pode entrar.

De seguida, virou-se para o advogado e perguntou.

– E quais eram os nomes dessas pessoas?

Advogados

DÉCIMO MARIDO

Um advogado casou com uma mulher que já tinha sido casada nove vezes. Na noite de núpcias, no quarto de hotel, a noiva disse:
– Por favor, meu querido, seja gentil. Eu ainda sou virgem.
Perplexo, já que sabia dos seus anteriores casamentos, o noivo pediu-lhe que se explicasse. Ela respondeu:
– O meu primeiro marido era psicólogo. Só queria conversar sobre sexo.
– O segundo era ginecologista. Só queria examinar o local.
– O terceiro era coleccionador de selos. Só queria lamber.
– O quarto era gerente de vendas. Sabia elogiar o produto, mas não sabia como utilizá-lo.
– O quinto era do departamento de apoio ao cliente. Esforçava-se para satisfazer o cliente, mas nunca sabia quando ia poder entregar o produto.
– O sexto era engenheiro. Dizia que precisava de três anos para pesquisar um método de execução.
– O sétimo era funcionário público. Dizia que compreendia perfeitamente como se fazia, mas que não tinha a certeza se era da sua competência.
– O oitavo era técnico de informática. Dizia que se estava a funcionar era melhor não mexer.
– O nono era político. Prometia, prometia, mas quando chegava a altura dizia-se impotente para cumprir por falta de fundos.
– Assim, num acto de desespero, quis casar com um advogado...

Humor Jurídico: As Melhores Anedotas

O BIFE MAIOR

Dois advogados vão almoçar juntos a um restaurante. Depois de verem a ementa, pedem um bife para cada um. O empregado de mesa traz-lhes uma travessa com 2 bifes, um grande e um pequeno. Um dos advogados, pretendendo ficar com o maior, deixa o seu colega escolher, pensando que ele, por delicadeza, tirará o mais pequeno. Porém, o primeiro a servir-se tira logo o bife maior. O segundo reclama:
– Eh pá, és o primeiro a servires-te e tiras logo o bife maior?
– Se fosses tu, qual é que tiravas? – Replica o primeiro.
– Eu tirava o mais pequeno.
– Então qual é o problema? Está aí o mais pequeno. Eu por saber disso é que tirei logo aquele que tu não querias...

POSTAIS DO DIA DOS NAMORADOS

Em meados de Fevereiro, um homem chega aos correios com um maço de 1000 postais do Dia dos Namorados. Após pulverizá-los com perfume e escrever algumas palavras em cada um, coloca-os dentro de envelopes e dirige-se ao balcão.
O funcionário graceja intrigado:
– Tem muitas namoradas!
– Não é o que está a pensar. Em todos os postais apenas escrevo a frase: "Adivinha quem é!".
– Mas porquê?
– É que sou advogado e sou especializado em divórcios...

Advogados

BOA NOTÍCIA E MÁ NOTÍCIA I

Um homem recebeu uma mensagem do seu advogado solicitando-lhe que fosse ter imediatamente ao seu escritório. Logo que chegou, a funcionária conduziu-o ao gabinete do advogado.
– Tenho para lhe contar uma boa notícia e uma má notícia. Qual é que quer saber em primeiro lugar? – Perguntou o advogado.
– Bem, nesse caso, prefiro que me diga primeiro a boa.
– A sua mulher encontrou uma fotografia que vale meio milhão de euros.
– Excelente! E qual é a má notícia!
– A má notícia é que a foto é do senhor com a sua secretária...

BOA NOTÍCIA E MÁ NOTÍCIA II

– Tenho uma boa e uma má notícia para lhe contar! – Anunciou o advogado ao cliente que estava a divorciar-se.
– Qual é a boa notícia? – Perguntou o cliente.
– A sua mulher já não exige que a sua futura herança entre nas partilhas.
– E qual é a má notícia?
– Após o divórcio, ela vai casar-se com o seu pai.

DESCOBERTA DE NOVAS EVIDÊNCIAS

– Senhor Juiz, pretendo recorrer da decisão com base na descoberta de novos factos. – Alega o advogado.
– E quais são esses novos factos?
– Acabo de descobrir que o meu cliente ainda tem 5.000 euros...

Humor Jurídico: As Melhores Anedotas

GASTOS

Uma mulher casada sente-se deprimida. O marido tenta animá-la:
– Hoje vou oferecer-te o vestido que quiseres.
– Não me apetece.
O marido estranha a falta de vontade da sua mulher para ir comprar roupa, mas faz nova tentativa:
– E que tal se formos passar o fim-de-semana a Paris?
– Não estou com vontade.
– Então já sei. Vou te dar um carro novo, um Mercedes descapotável! Que te parece?
– Não me faz falta.
– Então, diz-me o que queres que eu pago.
Depois de uma breve pausa, a mulher responde:
– Um advogado para tratar do divórcio.
– Bem! – Diz o marido preocupado – Não estava a pensar gastar tanto dinheiro.

ALEGAÇÕES ESCRITAS

Um advogado defende um homem que matou outro.
Começa, assim, as suas alegações escritas, dirigindo-se ao magistrado:
– Seu bandido, ladrão, mentiroso, palerma...
Os insultos continuam até ao final da página.
O magistrado, ao começar a ler as alegações, fica sem pinga de sangue. À medida que continua a ler é tomado por uma forte revolta contra o advogado.
Virando a página continua a ler:
"Foi o que a vítima chamou ao réu que, justamente, se sentiu indignado e foi tomado por uma revolta incontrolável, como aquela que assolou V. Excelência antes de virar a página..."

Advogados

ATROPELAMENTO NA PASSADEIRA

Um advogado conduzia um Mercedes quando se deparou com duas pessoas que atravessavam uma passadeira. Devido à alta velocidade a que seguia, não conseguiu travar a tempo e atropelou-as. Com a força do choque, uma delas parte o vidro da frente e entra pelo carro dentro, enquanto a outra é projectada a 100 metros de distância.

Alguns meses mais tarde, quando saem do hospital, são citadas para contestar as seguintes acusações:

"O primeiro é acusado de destruição e invasão de propriedade privada";

"O segundo é acusado de fuga do local do acidente".

ADVOGADOS DE LABORATÓRIO

Os principais Institutos de Pesquisa Científica anunciaram que não vão usar mais ratos em experiências médicas. Vão substituí-los por advogados, pelas seguintes razões:

1. Há mais advogados do que ratos;

2. Apesar de as aparências iludirem, os advogados são mais parecidos com os humanos do que os ratos;

3. Os investigadores não ficam, emocionalmente, tão ligados aos advogados;

4. As instituições que defendem os direitos dos animais não se opõem.

Humor Jurídico: As Melhores Anedotas

INCÊNDIOS E TERRAMOTOS

Um advogado e um engenheiro estavam de férias nas Caraíbas. Quando tomavam banho numa praia paradisíaca, o advogado comentou:
– Vim de férias porque um incêndio destruiu a minha casa e todo o seu recheio. A companhia de seguros pagou tudo.
– Que grande coincidência! Também vim de férias porque a minha casa foi destruída. Desabou por causa de um terramoto. O meu seguro também pagou tudo.
O advogado ficou calado por alguns instantes e então perguntou intrigado:
– E como é que conseguiu provocar um terramoto?

CONGRESSO DE ADVOGADOS

Após um congresso promovido pela Ordem, um advogado chega ao estacionamento e encontra o seu Mercedes todo amolgado. Contudo, ao ver um bilhete no pára-brisas, diz ao advogado estagiário que o acompanhava:
– Bem me parecia que um colega não me iria amolgar o carro sem deixar um bilhete com o seu contacto. Este é o espírito de solidariedade da nossa profissão!
Desembrulha o bilhete e começa a ler em voz alta:
– Digníssimo colega, enquanto lhe escrevo este bilhete, o porteiro observa-me, pensando que estou a deixar-lhe o meu nome e o meu número de telefone, para assumir os prejuízos. Só que isso é que era bom...

Advogados

ADVOGADO DE FÉRIAS NO CAMPO

Um advogado estava de ferias numa pequena vila rural. Enquanto passeava, numa sossegada manhã de Domingo, encontrou uma multidão reunida num dos lados da rua. Seguindo o seu instinto, deduziu que devia ter acontecido alguma colisão automóvel. Estava desejoso de chegar junto dos lesados, mas não conseguia aproximar-se do carro. Engendrou uma solução e começou a gritar:
– Deixem-me passar! Deixem-me passar! Eu sou o filho da vítima!
Quando a multidão se afastou para ele passar, pode ver que, estendido em frente ao carro, estava um burro...

CLIENTE INSISTENTE

Um cliente chega ao escritório do seu advogado:
– Bom dia. Eu gostaria de falar com o meu advogado.
A secretária, pesarosa, informou:
– Sinto muito, mas isso vai ser impossível pois o Dr. faleceu ontem!
No dia seguinte, o indivíduo volta e diz novamente:
– Bom dia! Eu gostaria de falar com o meu advogado.
– Desculpe, mas como já lhe disse ontem, o seu advogado faleceu.
No terceiro dia, a cena repete-se:
– Bom dia. Eu gostaria de falar com o meu advogado.
– Pelo amor de Deus! Eu já o informei ontem e anteontem que o seu advogado faleceu! Não entendo porque é que o senhor insiste em perguntar o mesmo.
– Desculpe, mas é que eu adoro ouvir a resposta!

Humor Jurídico: As Melhores Anedotas

INQUIRIÇÕES VERÍDICAS OCORRIDAS NOS TRIBUNAIS AMERICANOS

- A senhora tem 3 filhos?

R: Sim.

- Quantos meninos?

R: Nenhum.

- Tem alguma menina?

- Doutor, não é verdade que quando uma pessoa morre durante o sono, na maioria dos casos morre tranquilamente e não se apercebe de nada até a manhã seguinte?

- Como terminou o seu casamento?

R: Por morte.

- Por morte de quem?

- Este é o mesmo nariz que partiu quando era criança?

- O filho mais jovem, o de 20 anos, que idade é que ele tem?

- O que aconteceu depois?

R: Ele disse que tinha de me matar porque eu podia identificá-lo no tribunal.

- E ele matou-o?

- O senhor está apto a apresentar uma amostra de urina?

R: Sim, desde criança.

Advogados

- O senhor Dr. lembra-se que horas eram quando começou a examinar o corpo da vítima?

R: Sim, a autópsia começou às 20:30 h.

- E a vítima a essa hora já estava morta?

R: Não. Estava sentada na mesa a tentar imaginar porque é que a estavam a autopsiar...

- Então, isso quer dizer que esteve fora até ter voltado?

- Disse que as escadas desciam para a cave?

R: Sim.

- E essas escadas também subiam?

- Não sabe o que era, nem com o que se parecia, mas acha que o consegue descrever?

- Tem filhos ou alguma coisa do género?

- Qual era a sua relação com a vítima?

R: Era minha irmã.

- Ela era sua irmã em 13 de Fevereiro de 1979?

- O senhor agente investigou outros homicídios em que também havia uma vítima?

- E conseguiu vê-lo de onde estava?

R: Consegui ver a sua cabeça.

- E onde estava a cabeça dele?

R: Em cima dos ombros.

- Quem morreu na guerra, o senhor ou o seu irmão?

Humor Jurídico: As Melhores Anedotas

- A senhora é a mãe do réu?
R: Sim.
- Há quanto tempo é que o conhece?

- Faça o favor de indicar a localização exacta do seu pé direito imediatamente antes do impacto.
R: Estava na extremidade da minha perna direita.

- ...alguma justificação que explique porque este julgamento não é de homicídio, mas de tentativa de homicídio?
R: A vítima sobreviveu.

- Ele levantou o cão pelas orelhas?
R: Não.
- O que é que ele fez com as orelhas do cão?
R: Levantou-as pelo ar.
- Naquele momento onde estava o cão?
R: Preso às orelhas.

- Da primeira vez que viu o réu, já o tinha visto antes?

- Há quanto tempo é que está grávida?
R: Faz 3 meses no dia 8 de Novembro.
- Então, aparentemente, 8 de Agosto foi a data da concepção?
R: Sim.
- E o que é que estava a fazer nessa data?

- O que significa a presença de esperma?
R: Significa que a relação foi consumada.
- Era esperma masculino?

Advogados

- Vou mostrar-lhe uma foto que foi classificada como prova n.º 3. Consegue reconhecer a fotografia?

R: Este sou eu.

- Estava presente quando esta foto foi tirada?

- O senhor estava presente neste tribunal, esta manhã, quando fez o juramento?

- A senhora considera-se uma pessoa emocionalmente equilibrada?

R: Sim!

- Quantas vezes é que cometeu suicídio?

- Quantos anos tem o seu filho, aquele que vive consigo?

R: 38 anos... ou 35, não me lembro bem...

- Há quanto tempo vive consigo?

R: Há 45 anos.

- Qual foi a primeira coisa que o seu marido disse quando acordou nessa manhã?

R: Ele disse: "Onde estou, Manuela?"

- E porque é que isso a aborreceu?

R: Porque o meu nome é Susana!

- Poderia descrever o suspeito?

R: Era de estatura mediana e usava barba.

- E era um homem ou uma mulher?

- Doutor, quantas das suas autópsias foram a pessoas mortas?

R: Todas as minhas autópsias foram a pessoas mortas...

Humor Jurídico: As Melhores Anedotas

- A que distância se encontravam os veículos no momento da colisão?

- Onde estava na bicicleta nesse momento?
R: No selim.

- A sua lua-de-mel foi planeada com antecedência?
R: Sim, fomos para a Europa.
- E levou a sua esposa?

- Viveu nesta cidade toda a sua vida?
R: Ainda não...

- Não havia mais ninguém, ou estava sozinho?

- Essa doença, a "miastenia gravis", afecta a sua memória?
R: Sim.
- De que modo?
R: Esqueço-me das coisas.
- Pode dar-nos um exemplo de algo que tenha esquecido?

- Qual é a data do seu aniversário?
R: 15 de Julho.
- Que ano?
R: Todos os anos.

ADVOGADOS ESTAGIÁRIOS

Advogados Estagiários

AUTÓPSIA

Durante um julgamento, um advogado estagiário interroga o médico que assinou a certidão de óbito.
– Foi o Doutor que fez a autópsia à vítima?
– Fui sim.
– Chegou a verificar as pulsações?
– Não, não cheguei.
– Verificou a pressão sanguínea?
– Não, não verifiquei.
– E tentou ouvir a batida do coração?
– Não, não tentei.
– Então, isso quer dizer que o Doutor não realizou todos os passos para se assegurar que a vitima estava morta!
O médico, começando a ficar enervado com o ridículo das questões, responde:
– Bem, deixe-me colocar as coisas deste modo. O cérebro da vítima estava à minha frente dentro de um frasco na minha secretária.
Após um breve silêncio, o advogado continua:
– Pois, mas repare bem, seria possível que a vítima, mesmo sem cérebro, não estivesse morta?
– Perfeitamente! É mesmo muito provável que ande por aí a exercer a advocacia...

ATRASO NO VENCIMENTO

Um advogado estagiário entra no gabinete do presidente da sociedade de advogados e, com ar tímido, diz:
– O senhor Dr. desculpe-me, mas já não recebo o meu salário há três meses!
– Não faz mal, colega. Está desculpado!

O DOMADOR DE LEÕES

Um advogado, recém-saído da Ordem, tenta, em vão, arranjar algum cliente. Desesperado, sem conseguir pagar a renda do escritório, vai a uma entrevista para o emprego de domador de leões num circo. O dono do circo explica-lhe:
– O seu trabalho é simples! Entra na arena com o chicote na mão. Sempre que o leão se aproximar de si, dê-lhe uma chicotada que vai ver que ele recua.
O jovem advogado resolve aceitar. Depois de se vestir a rigor, entra na jaula sob o aplauso da assistência. De imediato o leão avança sobre ele. Após uma firme chicotada, o leão recua. O público aplaude entusiasmado. Empolgado, começa a chicotear o leão com mais força, para delírio do público. O leão recua, coloca-se de pé e começa a desatarraxar a cabeça. Depois de a retirar diz:
– Calma! Bata mais devagar que eu também sou advogado!

ENTREVISTA DE EMPREGO

Numa entrevista de emprego:
– Quais são as suas pretensões salariais? – Pergunta o entrevistador ao advogado estagiário.
– 4.000 euros por mês, mais benefícios. – E com um ar empertigado pergunta – E quais são os benefícios que a sua empresa oferece?
– 30 dias úteis de férias por ano, um BMW novo de dois em dois anos, cartão de crédito, seguro de saúde para todos os dependentes e 2 viagens à escolha por ano.
– O senhor deve estar a brincar!
– Claro que estou! Mas foi o senhor Dr. que começou!

Advogados Estagiários

O PRIMEIRO CLIENTE

Um jovem advogado em início de carreira, abriu um luxuoso escritório num prédio do centro da cidade.
No primeiro dia de trabalho, vestiu o seu melhor fato, sentou-se atrás de sua secretária e ficou a aguardar o primeiro cliente.
Meia hora depois batem à porta.
Rapidamente levanta o auscultador e começa a fingir que está a falar ao telefone:
– Não precisa agradecer mais. Eu sei que não esperava uma vitória tão grande, mas comigo é assim... Bem, o senhor dá-me licença, que eu tenho neste momento um outro cliente a aguardar? Obrigado. Um abraço!
Desliga o telefone e diz:
– Pois não, em que posso servi-lo?
– Sou o técnico da Companhia de Telefones e vim instalar o telefone...

O MELHOR CONSELHO JURÍDICO

Um jovem advogado estagiário foi nomeado oficiosamente para defender um homem acusado de homicídio.
Diz o juiz:
– O senhor Dr. pode aproveitar para conversar com o seu cliente no corredor e dar-lhe o melhor aconselhamento jurídico possível.
Passado algum tempo, o advogado entra sozinho na sala de audiências.
– Onde é que está o réu? – Pergunta o magistrado.
– O senhor Juiz disse-me para lhe dar um bom conselho. – Respondeu o advogado – Descobri que ele era culpado, por isso disse-lhe para fugir.

Humor Jurídico: As Melhores Anedotas

CÁBULAS NA ALGIBEIRA

Um advogado estagiário vai fazer as suas primeiras alegações orais. Para não se esquecer do texto leva uma cábula na algibeira.

As alegações correm bem até que chega à parte final:

– E assim, concluo defendendo que ficou provado, sem margem para dúvidas, que o réu é..., que o réu é, ...

Não se conseguindo lembrar do resto, mete a mão na algibeira e diz:

– O réu é 100% algodão!

PROCESSO CONCLUSO

O patrono pede ao advogado estagiário que vá à secretaria do tribunal para se informar do estado de um processo.

Após conferir no seu computador, o funcionário volta e informa:

– O processo está concluso.

No dia seguinte, o advogado volta ao tribunal e ouve novamente a mesma resposta:

Ao ouvir pela terceira vez, não se conforma e pergunta ao funcionário:

– Quem é este Dr. Cluso que não devolve o processo?

PERDER OU GANHAR

Durante uma aula na Ordem, diz o professor:

– Quando acabarem o estágio, recordem-se sempre disto que vos vou dizer. Os processos, por vezes ganham-se, outras vezes perdem-se, mas cobram-se sempre!

Advogados Estagiários

CAUSA PERDIDA

Um advogado estagiário vai ter com o seu pai, também advogado:
– Pai! Tenho más notícias. Perdi aquela causa!
– Meu filho, não te preocupes! Um advogado nunca perde uma causa. Quem não a ganha é o cliente.

PROCESSO ENCRAVADO

Um advogado estagiário, entra entusiasmado no escritório do seu pai:
– Papá! Papá! Trago excelentes notícias. Num dia apenas, resolvi aquele processo em que o pai trabalhava há muito tempo!
Exaltado, o pai dá um safanão na orelha do filho:
– Palerma! Este processo é o que nos tem sustentado nos últimos dez anos!

ADVOGADO DE SI PRÓPRIO

O advogado estagiário, defendendo-se a si próprio:
– Conseguiu ver bem a minha cara quando lhe tirei a mala?
Apanhou 5 anos de prisão.

REUNIÃO COM O CLIENTE

O advogado estagiário dirige-se à secretária:
– Marque, se faz favor, uma reunião com o meu cliente para sexta-feira!
– Sexta-feira escreve-se com "s" ou com "x"? – Pergunta a secretária.
Após pensar um pouco, o advogado responde:
– Marque para quinta!

DE QUEM É A VACA?

O advogado estagiário estava ansioso por começar a praticar a advocacia. Acompanhava o seu patrono sempre que este recebia a visita de um cliente. Certo dia, entrou um homem que, pelas vestes, aparentava ser um agricultor. Logo que se sentou, começou a expor o seu problema:

– Senhor Dr.! Trabalhei durante 40 anos na Quinta do meu falecido senhorio. Cuidei dos campos e zelei pelos seus bens com todo o meu empenho. Cuidei também de uma vaca desde a nascença, tendo sempre me sido garantido que a vaca era minha. Agora que o meu senhorio morreu, o seu filho herdou a Quinta e diz que a vaca é dele.

O advogado, depois de o ouvir, tranquilizou-o:

– Tomarei conta do seu caso. Não se preocupe com a vaca que ela é sua de direito!

No dia seguinte, o escritório foi visitado pelo filho do senhorio falecido, o qual expôs o seu problema:

A vaca foi criada nas terras do meu pai. Parece-me que a vaca era do meu pai e agora é minha.

Depois de o ouvir atentamente, o advogado, disse:

– Já ouvi o suficiente. A vaca pertence-lhe. Não se preocupe!

Quando o cliente saiu, o estagiário perplexo perguntou ao seu patrono:

– Senhor Dr.! Parece que estamos com um grave problema. Afinal de quem é a vaca?

– A vaca é nossa, evidentemente!

UNIVERSIDADE DE DIREITO

Universidade de Direito

CANDIDATO PREVENIDO

Num exame oral para ingresso na ordem, um examinador fazia perguntas sobre prazos processuais.
– Qual o prazo para a dedução de embargos de terceiro?
– 24 horas.
– Qual o prazo para a tréplica?
– 24 horas.
– Qual o prazo para a contestação?
– 24 horas.
Irritado, o examinador não se contém:
– Mas, o senhor não sabe nada sobre prazos!
– Não sei, mas nunca perco um prazo!

FEZ O SEU EXAME!

Satisfeito com as respostas dadas no exame oral, o professor conclui da seguinte forma:
– Fez o seu exame!
Ainda aturdido com a pressão da prova, o aluno responde trémulo:
– Bem, essa não sei.

BENS FUNGÍVEIS

Numa prova de Direito Civil, pergunta o professor:
– O que são bens fungíveis?
Não sabendo a resposta, o aluno improvisa:
– São aqueles que se movem, que podem fugir se não forem devidamente vigiados.

VOTO VENCIDO

Num exame oral, o aluno suava enquanto respondia às perguntas do examinador.
Não sabendo a resposta a certa questão, o aluno tenta inventar para disfarçar. O examinador interrompe-o:
– O que o senhor está a dizer é um grande disparate!
– Disparate porque sou eu que o digo. Se fosse dito pelo senhor Dr. seria voto vencido!

O QUE É O DIREITO

Um professor de Introdução ao Direito, apercebendo-se que os alunos da última fila não estavam a prestar atenção à aula, atira a um deles a seguinte pergunta:
– Dê-me uma definição para o Direito!
O aluno pensou um pouco e respondeu:
– O Direito é a auréola dourada sobre a qual assenta a sociedade.
Imediatamente o professor respondeu:
– O senhor acabou de definir o penico! Agora faça o favor de definir o Direito!

UM FARDO DE PALHA

Num exame oral, o professor, para ajudar a aliviar a tensão nervosa, começa por uma série de perguntas básicas. Porém, o estudante não acerta uma o que faz com que o examinador perca a paciência.
– Traga-me um fardo de palha! – Pede o professor ao funcionário, obviamente, para o aluno que asneava.
O aluno, imperturbável, replica:
– E para mim, um copo de água, se faz favor.

Universidade de Direito

UMA LARANJA PARA TI

Um professor perguntou a um dos seus alunos:
– António, se quiser dar uma laranja ao seu colega Bento, o que deverá dizer?
O estudante respondeu:
– Aqui está, Bento, uma laranja para ti.
O professor repreende-o, exaltado:
– Não! Não! Pense como um jurista!
O estudante pensa um pouco e então responde:
– Então, eu diria: Eu, António Almeida, solteiro, natural da freguesia de Cedofeita do concelho do Porto, titular do Bilhete de Identidade n.º 9267454, com o número de identificação fiscal: 278546258, morador na Av. Fernão de Magalhães, n.º 740, 3.º Dtº, Bonfim, Porto, na qualidade de doador, declaro que doo a Bento Bernardes, solteiro, natural da freguesia da Sé do concelho do Porto, titular do Bilhete de Identidade n.º 7452638, com o número de identificação fiscal: 245784512, morador na Rua das Macieiras, n.º 50, 1.º Esq., Águas Santas, Maia, na qualidade de donatário, a propriedade plena do fruto laranja, juntamente com sua casca, sumo, polpa e sementes, transferindo-lhe todos os direitos de espremer, morder, cortar, congelar, triturar ou descascar, para, com a utilização de quaisquer objectos, ou, de outra forma, comer, tomar ou ingerir a referida laranja, ou cedê-la com ou sem casca, sumo, polpa ou sementes, valendo este acto entre as partes, com carácter irrevogável, declarando Bento Bernardes que o aceita em todos os seus termos, conhecendo perfeitamente o sabor, a cor, o cheiro e o toque de uma laranja.
O professor comenta:
– Melhorou bastante, mas não seja tão sucinto!

Humor Jurídico: As Melhores Anedotas

FALTA JUSTIFICADA

Uma professora universitária alertou os seus alunos de que não aceitaria desculpas para a falta ao exame final do dia seguinte. Exceptuavam-se, obviamente, motivos ponderosos de saúde ou o falecimento de algum parente próximo.
Do fundo da sala, pergunta um aluno num tom jocoso:
– Podemos incluir nos motivos justificados o de extremo cansaço por actividade sexual?
Na sala de aulas soltam-se gargalhadas em catadupa.
Após o restabelecimento do silêncio, a impávida professora responde:
– Esse não é um motivo justificado. Como a prova será com questões de múltipla escolha, o senhor pode vir na mesma ao exame e assinalar as respostas com a outra mão...

O ÓRGÂO QUE FALTAVA

Numa prova oral de Direito Constitucional:
– Quais são os órgãos de soberania, segundo a Constituição da República Portuguesa?
– São: o Presidente da República, o Governo, os Tribunais e..., e...
– Então o senhor não lê o Diário da República?
– Exactamente, senhor professor, o Diário da República é o órgão que faltava!

O CONTRÁRIO DE "A PRIORI"

Um professor pergunta:
– Diga-me qual é o contrário de "a priori"?
Sem pensar, o aluno responde de rajada:
– Ora, professor... "a melhori".

Universidade de Direito

RECÉM-LICENCIADO

A entrevista de emprego era dirigida por um psicólogo.
Entra o primeiro candidato.
– Conte até dez, se faz favor. – Pediu o psicólogo.
– Dez, nove, oito, sete, seis, cinco, quatro, três, dois, um.
– O senhor está a contar ao contrário!
– Desculpe! É a força do hábito. É que eu trabalhava na NASA...
Entra o segundo candidato.
– O senhor pode contar até dez?
– Um, três, cinco, sete, nove, dois, quatro, seis, oito, dez.
– Como?
– Ah! Desculpe! É que eu era carteiro e estava acostumado a ver os números pares de um lado da rua e os impares do outro.
Entra o terceiro candidato. O psicólogo pergunta:
– Quais as suas habilitações?
– Acabei de me formar em Direito.
– Pode contar até dez?
– Claro. Dois, três, quatro, cinco, seis, sete, valete, dama, rei, ás.

A PRIMEIRA PERGUNTA

O professor inicia o exame oral de Introdução ao Direito:
– Abra o Código Civil e leia o artigo 32.
– O Código Civil?
– Sim, o Código Civil.
– Bem, senhor professor, esse ainda não tive oportunidade de comprar...

Humor Jurídico: As Melhores Anedotas

ACABOU O EXAME

A sala está cheia de alunos que escrevem a todo o gás. O professor impaciente por se ir embora:
– O exame termina às dez em ponto e quem não entregar até esta hora não entrega mais!
As 10:05, um aluno corre com a prova na mão até à mesa do professor que arrumava as coisas para se ir embora.
– Eu avisei que depois das dez não aceitaria mais nenhum exame!
O aluno pergunta com altivez:
– O senhor Dr. sabe com quem está a falar?
– Não, não faço a menor ideia. – Responde o professor com um tom sarcástico.
O aluno volta a insistir:
– Tem a certeza?
– Absolutíssima!
O aluno ergue a volumosa pilha de exames, enfia o seu no meio, baralha e diz:
– Então descubra...
E vai embora.

ORIGEM DAS LEIS

– Como é que surgem as leis? – Pergunta o examinador. Resposta pronta do aluno:
– Vêm em manadas da Assembleia da República!

FALTA DE ENTENDAS

– Senhor professor... não percebi... – Diz a aluna depois de ouvir a pergunta que o professor lhe coloca no exame oral.
– Não faz mal... percebe para o ano!

Universidade de Direito

DEFINIÇÃO DE FRAUDE

Um aluno está a fazer um exame oral em Direito Penal:
– O que é a fraude? – Pergunta o professor
– É o que o senhor professor está a fazer.
– Faça o favor de se explicar!
– Segundo o Direito Penal, comete fraude, aquele que se aproveita da ignorância de outrem para o prejudicar.

ORDEM DE SUCESSÃO

Num exame de Direito das Sucessões, o professor pergunta ao aluno qual a ordem de sucessão.
Depois de reflectir um pouco, o aluno responde:
– Normalmente, depois do pai vem o filho...

FURTO DO GUARDA-CHUVA

Um docente entra no bar para tomar o café da praxe, pousando o guarda-chuva no balcão.
Subitamente, no bar repleto de gente, exclama:
– Raios! Roubaram-me o guarda-chuva.
Um aluno, que já conseguira passar à sua cadeira, replica, incógnito, no fundo do bar:
– Não roubaram, não! Furtaram, pois o roubo implica violência.

SUICÍDIO

Numa aula de Direito Penal, um aluno estava distraído.
O professor apercebendo-se, pergunta-lhe:
– Diga um crime doloso contra a vida, que mereça uma pena mais elevada do que a prevista no Código Penal!
Responde o aluno:
– O suicídio?

Humor Jurídico: As Melhores Anedotas

PRIMEIRO EMPREGO

Um homem influente vai visitar um amigo deputado e aproveita para lhe pedir um emprego para o filho que tinha acabado de completar o 12º ano.
– Eu tenho uma vaga para assessor em que o vencimento é de cerca de 5.000 euros mensais! – Diz o deputado.
– 5.000 euros? Obrigado, mas é muito dinheiro para o meu rapaz! Quero que ele saiba o que custa a vida e para isso tem de começar por ganhar menos. Não arranja um emprego mais modesto?
– Só se for para trabalhar em part-time num instituto público. Aí já só recebe 2.000 euros por mês
– Ainda é muito! Isso vai acabar por habituar mal o rapaz! O senhor Dr. não tem para aí um emprego que pague aí uns 500 € ou 600 € mensais?
– Ter, até tenho. Mas é só por concurso público, para quem tiver curso superior, possuir bons conhecimentos de Informática e escrever e falar, fluentemente, Inglês, Francês e Espanhol!

TRIBUNAL COLECTIVO

– Descreva-me a constituição de um tribunal colectivo! – Solicita o examinador na prova oral de processo civil.
– Bom, senhor professor, tem o juiz presidente e os juízes das comarcas "limitrófs".
O professor, impávido:
– Acaba de passar no seu exame de russo. No de português, chumbou.

Universidade de Direito

DEFINIÇÃO DE VIOLAÇÃO

Num exame oral de direito penal, o professor pergunta à aluna:
– Para existir violação deve haver penetração?
A aluna, que não tinha estudado convenientemente, arrisca uma resposta:
– Sim, é necessário penetração.
O professor, brincando com a situação, volta a perguntar:
– E quanto de penetração?
– Mais ou menos uns 30 cm.
– Que desilusão vai ter quando se casar...

FÉRIAS NA PRAIA

Uma aluna, muito bronzeada e um pouco nervosa, vai a um exame oral na época de Setembro.
O professor, para a colocar mais à vontade e vendo que tinha veraneado na praia, pergunta-lhe pelas férias.
– Estive a passar férias no Algarve. Aluguei lá um apartamento.
Indignado com a resposta, porque juridicamente só os bens móveis se alugam (os bens imóveis arrendam-se), o professor termina logo ali o exame:
– Então a senhora faça o favor de arrendar um táxi e ir para casa.

NEGÓCIO JURÍDICO

Pergunta o professor num exame oral:
– O testamento é um negócio jurídico? Justifique a sua resposta.
O aluno responde com segurança:
– Não! Porque um morto não pode realizar negócios!

Humor Jurídico: As Melhores Anedotas

O BURRO DOUTOR

O director observava os jardins da Universidade de Direito. Nesse momento, um agricultor que se encontrava num terreno vizinho, desatrelou o burro que puxava a sua carroça, para que comesse a relva alta que crescia junto ao muro da Universidade.

O animal começou a comer e a aproximar-se do portão de entrada.

Quando o director se apercebeu que o próximo passo do animal seria comer a relva do jardim da Universidade, desesperado gritou para o porteiro:

– Feche rápido o portão! Se o burro entrar aqui, só sai formado...

PESSOA JURÍDICA

A certa altura de um exame oral, o professor pergunta ao aluno:

– O que é uma pessoa jurídica?

Depois de passar algum tempo a pensar, o aluno responde num lampejo:

– Como é que eu pude esquecer. O senhor professor é uma pessoa jurídica, aliás a pessoa mais jurídica que eu conheço!

O professor, irritado, contesta:

– Não, eu não sou uma pessoa jurídica...

– Então professor, não seja modesto!

DEFINIÇÃO DE CASAMENTO

O professor num exame oral:

– Defina-me o casamento!

Responde o aluno com segurança:

– É a união entre duas ou mais pessoas...

ADIVINHAS JURÍDICAS

Adivinhas Jurídicas

- Porque é que as anedotas de advogados não funcionam?

R: Porque os advogados não lhes acham piada e o resto das pessoas não acha que seja anedota.

- Quantas anedotas de advogados existem?

R: Apenas 3. As restantes são histórias verdadeiras.

- Porque é que quando um advogado morre, é enterrado a 10 metros de profundidade?

R: Porque bem lá no fundo, até não são más pessoas.

- Porque é que os tubarões não atacam os advogados?

R: Cortesia profissional.

- Quantos advogados são necessários para mudar uma lâmpada?

R: Nenhum. Eles preferem manter os seus clientes às escuras.

R: Um. O advogado segura-a enquanto o resto do mundo gira à sua volta.

R: Basta um advogado para mudar a lâmpada, do bolso do cliente para o bolso dele.

R: Três: um subir a escada, outro para abanar a escada para o primeiro cair e um terceiro para processar o fabricante da escada.

R: Depende. Quantos pode pagar?

- Estás fechado num elevador com um leão, um tigre e um advogado. Tens uma pistola com 2 balas. O que fazes para salvar a vida?

R: Atiro no advogado, duas vezes.

Humor Jurídico: As Melhores Anedotas

- Porque é que Deus criou as serpentes antes dos advogados?

R: Para praticar.

- Qual a diferença entre um advogado e um árbitro de boxe?

R: O árbitro não recebe mais quando a luta se prolonga.

- Quais são as três perguntas mais frequentes feitas pelos advogados?

R: Quanto dinheiro é que tem?
Consegue arranjar mais?
Tem alguma coisa que possa vender?

- Como é que foi inventado o fio de prata?

R: Dois advogados discutiam por uma moeda.

- O que obténs quando cruzas um advogado e o Padrinho?

R: Uma oferta que não consegues compreender.

- Qual é a diferença entre o póquer e a lei?

R: No póquer, quando alguém é apanhado a roubar, põem-no fora. Na lei, metem-no dentro.

- Porque é que são proibidas as relações sexuais entre os advogados e os seus clientes?

R: Para evitar que os clientes sejam cobrados duas vezes pelo mesmo serviço.

- Qual a diferença entre um tigre e um advogado?

R: Um é um predador que se aproxima silenciosamente das suas vítimas e, quando estão distraídas, ataca impiedosamente. O outro é apenas um gato grande.

Adivinhas Jurídicas

- Porque é que os advogados são parecidos com os mísseis nucleares?
R: Se um lado tiver um, o outro também vai ter que ter;
Uma vez disparados, não podem ser cancelados;
Quando aterram, fazem um estrago irreparável.

- O que se obtém quando se juntam 100 estudantes universitários numa cave?
R: Uma adega de cerveja.

- Qual a principal diferença entre os advogados e os computadores?
R: Cada ano que passa, os computadores fazem o dobro do trabalho por metade do preço.

- Qual a semelhança entre um escritório de um advogado e um microondas?
R: Estás 10 minutos lá dentro e pagas como se estivesses 8 horas.

- Qual a diferença entre um advogado e um terrorista?
R: Consegues negociar com um terrorista.

- Qual a diferença entre uma adega comum e uma adega de um advogado?
R: Uma adega comum tem pipas de vivo; uma adega de um advogado tem pipas de massa.

- Qual a diferença entre Deus e um advogado?
R: Deus não frequentou uma Universidade de Direito.

- Que fazem 2 advogados a beber vinho?
R: Tratam de perder o juízo.

Humor Jurídico: As Melhores Anedotas

- Qual é a boneca Barbie mais cara do mercado?
R: A Barbie divorciada, porque vem com o carro, a casa e o barco do Ken.

- Como é que se sabe que um Inverno é muito frio?
R: Quando se vê os advogados com as mãos nos próprios bolsos.

- Porque é que as pilhas são melhores que um advogado?
R: Porque as pilhas têm, pelo menos, um lado positivo.

- Qual é a diferença entre o Tribunal e a Igreja?
R: No Tribunal quem confessa é condenado. Na Igreja quem confessa é absolvido.

- Porque é que um advogado atravessa a rua?
R: Para processar a pessoa que está no outro lado.

- O que é que têm em comum os advogados sinceros e os ovnis?
R: Já ouviste falar de ambos, mas nunca viste nenhum.

- Como é que se sabe que um advogado está a mentir?
R: Os seus lábios estão a mover-se.

- Como é que uma grávida sabe que vai dar à luz um advogado?
R: Quando tem apetite de comer nabos.

TESTE OS SEUS CONHECIMENTOS JURÍDICOS

Teste os seus Conhecimentos Jurídicos

- Levar a secretária de trabalho para o quarto é assédio sexual?

- Analogia é a ciência que estuda a vida das anãs?

- Para se julgar com equidade é necessário que os réus sejam cavalos?

- Leis concretas são as elaboradas pelos pedreiros?

- A obrigação de a mãe amamentar o filho recémnascido pode ser considerada uma obrigação líquida?

- Ascendentes são as senhoras que usam dentadura?

- "Fumus boni iuris" é uma expressão latina que significa: "o fumo é bom para o direito"? [2]

- O que significa a expressão latina: "Adeamus ad montem, fodere putae, cum porribus nostrus"? [3]

- A mulher casada tem o direito de gozo, de uso ou de fruição?

- Bens móveis são os fabricados nas marcenarias?

- Qual a capital do estado civil?

---

[2] Tradução: "A fumaça do bom direito" (presunção de existência de um direito).
[3] Tradução: "Vamos à montanha, plantar batatas com as nossas enxadas".

Humor Jurídico: As Melhores Anedotas

- Será que todas as Câmaras Municipais possuem flash embutido?

- O cozido à portuguesa é uma receita pública?

- Bens fora do comércio são os vendidos à porta de uma loja?

- Quando uma prostituta exige o uso do preservativo, ocorre uma legítima defesa putativa?

- Direito penal é o que regula as relações entre as aves?

- Queimaduras de 3º grau são as que sofrem os estudantes do 3º ano de Direito na Queima das Fitas?

- Quem é canhoto pode estudar Direito?

- Quando alguém sente cólicas e vai rapidamente ao WC, está em estado de necessidade?

- Um professor de Química, que não paga as suas contas, pode ser considerado um devedor insolvente?

- Se um motel funciona das 8 às 18 horas, podemos dizer que ali só ocorreram transacções comerciais?

- Quantos quilos por dia emagrecem os cônjuges que optaram pelo regime de separação de bens?

- Para ser curador de um incapaz é necessário ter o curso de medicina?

Teste os seus Conhecimentos Jurídicos

- O assassinato do John Lennon foi um lenocínio?

- Pessoas de má-fé são as que veneram o Diabo?

- Quando uma mulher chamada São faz uma plástica no rosto podemos dizer que ocorreu uma novação?

- Réu primário é o que só concluiu a escola primária?

- O juiz declara-se incompetente quando não sabe decidir o caso?

- O advogado é um actor que representa autos?

- A esposa pode recusar-se à obrigação de dar por justa causa?

- Duplo grau de jurisdição é quando um advogado casa com uma advogada?

- Uma medida de coacção corresponde a um quilo, um litro ou um metro?

- Uma vara criminal é composta por porcos delinquentes?

- O acórdão é um instrumento musical?

- A aplicação das normas jurídicas no espaço ocorre quando há um julgamento na Lua?

- A gravidez da prostituta, no exercício das suas funções, pode ser considerada um acidente de trabalho?

Humor Jurídico: As Melhores Anedotas

- Arrolar uma testemunha é fazê-la rolar pelas escadas a baixo?

- Podemos dizer que a vida processual é cheia de autos e baixos?

- Desembargador é quem desembarga obras?

- A natureza jurídica é estudada no Direito Ambiental?

- Questão prejudicial é a que é nociva ao processo?

- Pode-se executar um nu-proprietário sem caução?

- Para que ocorra um tiro à queima-roupa é necessário que a vítima esteja vestida?

- O assassinato do patrão é um patrocínio?

- Para rectificar um assento basta estofá-lo de novo?

- O juiz de família é o juiz privado de uma família?

- Pode conceder-se a liberdade condicional nos casos de prisão de ventre?

- Uma audiência é uma conferência de vendedores de carros Audi?

LEIS ABSURDAS

Leis Absurdas

ESTADOS UNIDOS DA AMÉRICA

ALABAMA

- É proibido usar numa igreja um bigode falso que possa provocar o riso.
- Deitar sal na linha do caminho-de-ferro pode ser punido com a pena de morte.
- É permitido conduzir um carro fora de mão numa rua de sentido único, se tiver uma lanterna presa na sua frente.
- É proibido andar com um gelado no bolso das calças.
- Os homens não podem cuspir à frente das mulheres.
- Num divórcio, é permitido às mulheres ficar com todos os bens que possuíam antes do casamento. Aos homens não.
- Um homem tem o direito de espancar a sua mulher se ela o merecer, mas só se o instrumento que usar não ultrapassar a espessura de uma polegada.

ALASCA

- Em Fairbanks é proibido os alces fazerem sexo nas ruas da cidade.
- É permitido disparar contra um urso, mas já é proibido acordar um para tirar fotografias.
- É proibido dar bebidas alcoólicas a um alce.

ARIZONA

- Em Glendale, os cinemas só podem projectar filmes de terror às segundas, terças e quartas-feiras.
- É proibido manter burros dentro de banheiras.
- É proibido ter mais de 2 vibradores dentro de casa.

Humor Jurídico: As Melhores Anedotas

- A pena por cortar um cacto pode chegar aos 25 anos de prisão.
- A vítima de um criminoso só pode proteger-se com o mesmo tipo de arma usada por este.
- É proibido recusar um copo de água a alguém.
- Os carros não podem ser conduzidos em marcha-atrás.
- É proibido armar uma ratoeira sem licença.
- Não se pode jogar cartas na rua com um índio.
- Quem for apanhado a roubar sabão deve lavar-se com ele até que este se gaste.
- Quem tiver mais de 18 anos não pode sorrir, se faltarem mais de dois dentes na sua boca.

ARKANSAS

- Um homem pode bater na sua mulher, mas apenas uma vez por mês.
- Os crocodilos não podem ser mantidos em banheiras.
- O rio Arkansas não pode subir acima da ponte de Little Rock.
- "Arkansas" tem que ser pronunciado "Arkansaw".
- É proibido matar qualquer criatura viva.
- Os cães não podem ladrar depois das 18 horas.

CAROLINA DO NORTE

- São proibidas reuniões com pessoas mascaradas.
- É proibido cantar desafinado.

CAROLINA DO SUL

- É proibido beber água nos bares (a bebida oficial é o leite).

Leis Absurdas

CALIFÓRNIA

- É proibido fumar dentro dos bares.
- É proibido arrancar as penas de uma ave viva.
- Quem explodir uma bomba nuclear dentro do município de Chico, apanha uma multa de 500 dólares.
- Em Pacific Grove, quem molestar, ou ameaçar, borboletas é punível com uma multa que pode ascender a 500 dólares.
- No condado de Ventura, gatos e cães não podem fazer sexo na rua sem prévia licença pública.
- É proibido descascar laranjas nos quartos dos hotéis.
- Em Badwin Park é proibido andar de bicicleta dentro de piscinas.
- É proibido caçar patos enquanto se anda de avião.
- Em Los Angeles, é proibido dar banho a dois bebés ao mesmo tempo na mesma banheira.
- Em Tahoe City, os cavalos não podem usar sinos de vaca.

COLORADO

- É proibido lançar mísseis contra veículos automóveis.

CONNECTICUT

- Em Hartford é proibido atravessar a rua fazendo o pino.
- É proibido um homem dar à sua namorada uma caixa de chocolates com peso inferior a 50 libras (cerca de 22 kg).

DAKOTA DO SUL

- Uma mulher, mesmo que tenha mais de 80 anos, não pode falar com um homem casado na rua.
- Em Sioux Falls, os hotéis apenas podem ter nos quartos camas geminadas, separadas por uma distância mínima de 50 centímetros. É ainda proibido que um casal faça sexo no chão entre as camas.

FLÓRIDA

- Em Key West os agentes da polícia não podem falar sobre a vida alheia dentro do horário de trabalho.
- As mulheres solteiras, viúvas ou divorciadas não podem saltar de pára-quedas aos domingos.
- Não se pode dormir num salão de beleza quando os cabelos estiverem a ser secados.
- É proibido criticar a cidade de Wauchula.
- Em Sarasota é proibido cantar se se estiver a usar um biquíni amarelo.
- O estacionamento de um elefante paga, no parquímetro, o mesmo que um veículo comum.

GEÓRGIA

- Não se pode dar uma palmada amigável nas costas de um amigo.
- Em Macon, um homem tem de ter uma desculpa muito boa para abraçar uma mulher.
- Em Atlanta é proibido amarrar uma girafa a um telefone público.
- Pessoas que cheiram mal estão proibidas de andar em transportes públicos.

Leis Absurdas

- É proibido mudar as roupas de manequins expostas em vitrinas de lojas, sem que as cortinas estejam fechadas.
- Em Quitman é proibido as galinhas atravessarem a rua.

HAVAI

- É proibido colocar moedas nas orelhas.

IDAHO

- É proibido montar armadilhas para pássaros nos cemitérios.
- Na cidade de Couer d'Alene, se um agente policial suspeitar que um casal está a fazer sexo dentro de um carro, deve tocar três vezes a buzina e aguardar dois minutos antes de se aproximar.

ILLINOIS

- Em Kirkland é proibido as abelhas voarem sobre a povoação.
- Em Zion é proibido dar charutos a cães, gatos ou outros animais domésticos.
- Em Oblong é proibido fazer sexo no dia do casamento, se a pessoa estiver a pescar ou a caçar.
- Em Winnetka é proibido tirar os sapatos dentro dos teatros se se cheirar mal dos pés.
- As mulheres que enviem cartas a homens solteiros, devem tratá-los por "master" e não "mister".
- Em Chicago não se pode comer dentro de um lugar em chamas.

Humor Jurídico: As Melhores Anedotas

INDIANA

- Em Muncie é proibido transportar uma cana de pesca dentro de um cemitério.
- Em Gary não se pode andar de transporte público, ou ir ao cinema, depois de comer alho, sem esperar, pelo menos, quatro horas.
- Em South Bend é proibido os macacos fumarem.

IOWA

- Em Ames, um homem não pode tomar mais de três goles de cerveja quando estiver deitado na cama com a sua mulher.
- Em Ottumwa é proibido os homens piscarem um olho a uma desconhecida.

KANSAS

- Em Agosto não se pode puxar uma mula se não se estiver a usar um chapéu de palha.
- É proibido servir gelado com torta de cereja.
- White Clouds: proibido fugir da prisão.

KENTUCKY

- É proibido dormir num restaurante.
- Um homem não pode casar com a avó da sua ex-mulher.
- Nenhuma fêmea se pode exibir de fato de banho na beira da estrada, a menos que esteja acompanhada de dois agentes policiais ou que tenha consigo um bastão. Uma emenda posterior esclarece que o regulamento não se aplica às fêmeas que pesem menos de 45 quilos ou mais de 100 quilos, nem às éguas.

Leis Absurdas

- É proibido tomar banho menos de uma vez por ano.

LOUISIANA

- Opelousas: o uso de calças com cintura baixa, que mostrem a roupa íntima, é punível com 6 meses de prisão.
- Nova Orleães: proibido amarrar um crocodilo a uma boca-de-incêndio.

MAINE

- Não é permitido deitar fogo às mulas.

MARYLAND

- Baltimore: proibido limpar a banheira, seja qual for o estado em que se encontre.
- Baltimore: proibido maltratar uma ostra.
- Baltimore: proibido levar um leão ao cinema.
- Halerthorpe: os beijos não podem durar mais de um segundo.
- Os preservativos só podem ser vendidos em máquinas nos "sítios onde são vendidas bebidas alcoólicas para consumo no local".

MASSACHUSETTS

- Espreguiçar-se nos degraus de uma padaria é uma infracção grave.
- Bóston: proibido tocar viola na rua.
- Não se pode comer amendoins dentro da igreja.
- Quando os homens vão à igreja nos domingos, devem levar uma espingarda.

Humor Jurídico: As Melhores Anedotas

- È proibido uma pessoa deitar-se para dormir sem tomar antes um banho.
- São proibidas as corridas de rãs nas casas nocturnas.

MEMPHIS

- É proibido usar um ióió em público.

MICHIGAN

- É proibido colocar uma doninha na secretária do patrão.
- Uma mulher não pode cortar o cabelo sem autorização do marido.

MINNESOTA

- Um homem deve tirar o chapéu quando encontrar uma vaca.
- Alexandria: proibido que um homem faça sexo com a sua mulher se o seu hálito cheirar a alho, cebola ou sardinha.
- As mulheres não se podem fantasiar de Pai Natal.
- Brainerd: proibido os homens usarem barba.

MISSISSIPPI

- Natchez: os elefantes não podem beber cerveja.

MISSOURI

- Saco: proibido o uso de chapéus que possam assustar os outros.
- México: as mulheres que participem de um júri não podem tricotar durante as audiências.

Leis Absurdas

- Chillicothe: proibido atirar arroz aos noivos.

MONTANA

- Helena: proibido uma mulher dançar em cima da mesa de um bar, se a sua roupa pesar menos de dois quilos.
- É permitido disparar sobre um grupo de sete ou mais índios, o qual é considerado uma invasão.
- Bozeman: após o pôr-do-sol, é proibido fazer sexo nu no jardim em frente à casa.
- As mulheres casadas não podem ir pescar sozinhas aos domingos.

NEBRASKA

- Se uma criança arrotar durante a missa, os seus pais podem ser presos.
- Waterloo: os barbeiros não podem comer cebolas das 7 até às 19 horas.

NEVADA

- Em 1912, quem conduzisse de noite, tinha de parar a cada 100 metros, dar um sinal de luz e esperar oito minutos antes de prosseguir, tocando a buzina.
- Não se pode andar de camelo nas estradas.
- É crime praguejar na presença de um morto.

NORTH DAKOTA

- É proibido dormir com sapatos azuis.

Humor Jurídico: As Melhores Anedotas

NOVA IORQUE

- É proibido cumprimentar as outras pessoas colocando o polegar no nariz e mexendo os outros dedos.
- Quem saltar de um prédio é punido com a pena de morte.
- É proibido expor um manequim nu na vitrina de uma loja.
- Carmel: proibido sair à rua se a camisa e as calças não condizerem.
- É permitido as mulheres fazerem topless no metro.

NOVA JERSEY

- Liberty Corner: não é proibido um casal fazer sexo dentro do carro. Mas, se acidentalmente tocarem a buzina, podem ir para a prisão.
- Newark: proibido comprar um gelado após as 18 horas.
- Quem cometer um assassinato não pode usar um colete à prova de balas.
- É proibido fazer barulho ao comer sopa num local público.

NOVO MÉXICO

- Carlsbad: na hora do almoço, é proibido fazer sexo dentro de um carro estacionado, a não ser que tenha cortinas nas janelas.
- Carrizozo: as mulheres só podem aparecer em público se devidamente depiladas, incluindo-se o rosto e as pernas.

Leis Absurdas

OHIO

- Oxford: as mulheres não se podem despir em frente de fotografias de homens.
- Cleveland: as mulheres não podem usar botas de operários nem sapatos de verniz.
- Toledo: proibido atirar um réptil para cima de alguém.

OKLAHOMA

- É proibido escutar atrás das portas.
- Não é permitido uma pessoa morder um hambúguer de outra pessoa.
- É proibido fazer caretas para um cão.
- Dar bebida aos peixes é punível com a prisão.

OREGON

- Willowdale: nenhum homem pode praguejar enquanto faz sexo com a sua mulher.
- Hood River: proibido fazer malabarismo sem licença.

PENSILVÂNIA

- Pittsburgh: proibido dormir dentro de frigoríficos.
- Cold Spring: não se pode vender álcool a um homem casado sem o consentimento escrito da sua mulher.
- Harrisburg: proibido fazer sexo com um camionista dentro de uma barraca.
- É proibido fazer sexo oral usando batom de baixa qualidade.
- É proibido manter mais de 16 mulheres sob o mesmo tecto, pois isso é considerado um bordel. Quanto a homens, o limite é 120.

Humor Jurídico: As Melhores Anedotas

- Todo o condutor que conduza de noite por uma estrada vicinal, deve parar a cada milha, soltar um foguete, esperar 10 minutos para que os animais saiam da estrada e só então continuar.
- É proibido cantar no WC enquanto se toma banho.

TEXAS

- San António: os macacos não podem andar de autocarro.
- Kingsville: proibido os porcos fazerem sexo na área do aeroporto.
- Quem quiser cometer um crime precisa de notificar as suas futuras vítimas 24 horas antes, informando-as que, em algumas circunstâncias, é permitido o uso de armas letais para se defenderem.

TENNESSE

- Dyersburg: uma mulher pode ir para a prisão se telefonar a um homem para marcar um encontro.
- Memphis: proibido os sapos coaxarem depois das 23 horas.
- É proibido praticar caça desportiva num veículo em movimento, exceptuando-se a caça à baleia (o Tennesse não tem litoral marítimo).
- Memphis: as mulheres só podem conduzir se pendurarem uma bandeira vermelha no carro para alertar os outros condutores.

UTAH

- Um homem responde por todos os actos criminosos cometidos pela sua mulher, se estiver presente.

Leis Absurdas

- Tremonton: as mulheres não podem fazer sexo enquanto conduzem uma ambulância. Além das penas convencionais, o seu nome será publicado no jornal local. O homem não sofre nenhuma punição.

VERMONT

- As mulheres casadas não podem usar próteses dentárias sem o consentimento escrito dos maridos.
- É proibido assobiar debaixo de água.

VIRGÍNIA

- Os habitantes têm de instalar as suas banheiras no exterior das residências.
- Dunlop: proibido rasgar uma certidão de casamento.
- Norfolk: nenhuma mulher pode aparecer em público sem ter vestido um espartilho.
- São proibidos o sexo anal e o sexo oral.
- A única posição sexual permitida é a de "missionário".
- É proibido fazer cócegas às mulheres.

WASHINGTON

- É proibido fazer sexo com uma virgem, em qualquer circunstância.
- Bater no focinho de um boi é punível com a prisão.
- Seattle: os peixinhos vermelhos não se podem deslocar a cavalo.
- Os condutores com intenções de cometer um crime devem parar nos limites da cidade, ligar para o chefe de polícia e avisar que estão a chegar.
- É proibido fingir que os seus pais são ricos.

Humor Jurídico: As Melhores Anedotas

WISCONSIN

- Connorsville: proibido aos homens disparar armas de fogo quando as suas parceiras atingem o orgasmo.

WYOMING

- Não é permitido fotografar coelhos entre Janeiro e Abril (época de acasalamento) sem uma licença oficial.
- Newcastle: proibido os casais fazerem sexo nas câmaras frigoríficas de um supermercado.

BRASIL

- Mato Grosso: em 1995 foi criada uma área de 5 hectares reservada à aterragem de ovnis.
- Bocaiúva do Sul: proibida em 1997 a venda de preservativos e dispositivos anticoncepcionais, com o fim de combater a diminuição da população e a consequente redução das verbas atribuídas pelo governo federal. Foi revogado 24 horas depois.
- Pouso Alegre: em 1997 a Câmara estabeleceu multas para os donos de cartazes publicitários com erros de língua portuguesa.
- Mato Grosso do Sul: em 1996 foi publicado um edital com o concurso público de compra de 150 pénis de borracha pela Secretaria de Saúde do Estado. 4 dias depois foi rectificado: "onde se lê pénis oco de borracha, 16 cm de diâmetro, leia-se pénis oco de borracha, 16 cm de comprimento por 3 cm de diâmetro".
- Rio Claro: uma lei de 1894 proibia a melancia, acusando-a de transmitir o tifo e a febre-amarela.

Leis Absurdas

- Rio Claro: uma lei de 1965 fixou uma multa de 2,5% do salário mínimo para quem tivesse um formigueiro na sua casa. O proprietário tinha ainda de arcar com as despesas do extermínio das formigas.
- Congresso de 1965: apresentado um projecto de lei para a "importação" de um milhão de portugueses para povoar a Amazónia.
- Congresso de 1965: apresentado um projecto que tornaria obrigatório, em todas as solenidades onde fosse tocado o hino nacional, o seu canto pelas autoridades presentes.
- Teresina: na década de 90, foi apresentado um projecto que obrigaria a instalação de telefones públicos em todos os cemitérios municipais.
- Jundiaí: proposta para se obrigar as lojas a colocarem vidros fumados nas vitrinas, a fim de evitar que os transeuntes distraídos se esborrachassem nas mesmas.
- Quixeramobim: em 1991, um projecto de lei previa a obrigatoriedade de pintar de amarelo fosforescente "todos os rabos de bovinos, ovinos e caprinos do município", para evitar que fossem atropelados.
- Câmara dos Deputados: projecto que proibia que fossem dados nomes de pessoas aos bichos de estimação, sob pena de multa.
- Caicó: projecto que obrigava a distribuição gratuita de Viagra pelos impotentes. Argumento: a disfunção eréctil abalaria a auto-estima e poderia estimular o alcoolismo, os suicídios e a violência.
- Assembleia Legislativa do Rio de Janeiro: apresentado um projecto que instituía o "Dia do Cão". O deputado, dono de 3 cães, desistiu quando quiseram incluir os gatos na proposta.

Humor Jurídico: As Melhores Anedotas

- Nova Iguaçu: discutida a criação de WC públicos para gays e travestis porque estes teriam vergonha de ir tanto ao WC masculino como ao feminino.
- Câmara dos Deputados: apresentado um projecto que obrigava os pilotos e as Companhias Aéreas a dizer tudo o que sabiam sobre os extraterrestres.
- São Paulo: proposta a instituição do Dia do Fã das Séries de TV e do Cinema. O vereador alegou que estes são pessoas que fazem sempre o bem.

ESPANHA

- O Presidente da Câmara de Lanjaron decretou em 1999 a proibição de qualquer cidadão morrer, durante 4 meses, uma vez que o cemitério da cidade estava superlotado e ainda não estavam concluídas as suas obras de ampliação. O decreto estabeleceu ainda que "os infractores responderão pelos seus actos".

REINO UNIDO

- É proibido beijar dentro dos cinemas.
- Liverpool: proibido que as vendedoras estejam em topless, excepto as das lojas de peixes tropicais.
- É proibido que dois homens adultos tenham sexo numa casa onde esteja uma terceira pessoa.
- Warrington: são proibidos os beijos de despedida nas estações de comboio.
- É proibido conduzir um automóvel sem estar sentado no banco da frente.

Leis Absurdas

AUSTRÁLIA

- As crianças não podem comprar cigarros, mas podem fumá-los.
- É proibido deixar as chaves do carro dentro do veículo, se não estiver ninguém no seu interior.
- É proibido caminhar pelo lado direito de um trilho pedestre.
- A prisão perpétua dura 25 anos.
- Os táxis têm de trazer na mala um monte de feno.
- É proibido vestir calças cor-de-rosa depois do meio-dia de domingo.

FRANÇA

- A Suprema Corte de Apelações estatuíu que uma pessoa nascida com uma deficiência grave tem o direito de ser recompensada caso a sua mãe não tenha tido a possibilidade de abortar.
- Nenhum porco pode ser apelidado de Napoleão.
- Chateauneuf-du-Pape: foi proibido em 1954 que os ovnis pousassem sobre as suas vinhas. Se isso acontecesse, o "veículo" deveria ser imediatamente recolhido para um depósito.
- Côte d'Azur: proibido o falecimento de pessoa que não possua um túmulo no território deste município.

CANADÁ

- Calgary: proibido atirar bolas de neve ou estourar bombas de brincar sem autorização prévia do Presidente da Câmara.

Humor Jurídico: As Melhores Anedotas

- Edmonton: uma lei obriga os ciclistas a sinalizarem com o braço antes de fazerem uma curva; outra lei impõe que os ciclistas devem manter as suas mãos no guiador o tempo inteiro.
- Montreal: os cinemas não podem iniciar uma sessão se o filme terminar após as duas horas da manhã.
- Saskatoon: proibido pescar peixe com as mãos.
- Toronto: proibido serrar madeira nos passeios.
- Victoria: proibido apanhar sol em qualquer parque da cidade se se estiver com um fato de banho.
- Windsor: proibido tocar instrumentos musicais em parques.
- Burnaby: às 10 da manhã todos os cães devem estar presos, ou os seus donos serão punidos.
- Colúmbia Britânica: quem interromper uma reunião do Comité de Controlo do Estado pode ser preso.
- Winnipeg: proibido andar nu dentro da sua casa, se as persianas estiverem abertas.
- Edmonton: nenhum homem pode beber com uma mulher numa cervejaria.
- Em Edmonton: uma lei de 1920 diz que nenhum veículo pode andar mais rápido que a velocidade máxima de um cavalo ou de uma carruagem.

ISRAEL

- Erguer um porco implica a morte do animal.
- Arad: proibido alimentar animais em locais públicos.
- Haifa: proibido levar ursos à praia.
- Kiriat Motzkin: proibido falar em voz alta durante os fins-de-semana.
- Ramat-Hasharon: proibida a criação de cães da raça Rotweiller.

Leis Absurdas

ARÁBIA SAUDITA

- Só há escolas para ambos os sexos até aos 12 anos. A partir daí, as escolas e universidades são distintas para homens e para mulheres.
- É proibido beijar um desconhecido.
- As mulheres não podem conduzir carros.
- As mulheres são proibidas de aparecer em público, a menos que estejam com alguém da família ou com um tutor.
- Não é permitido praticar outra religião que não o islamismo.
- É proibido importar qualquer livro que contenha símbolos cristãos como a cruz.
- Entre Jiddah e Ryadh existem 2 estradas: uma para os muçulmanos e outra para os "infiéis". Se um muçulmano estiver acompanhado por um "infiel", deve usar a estrada para os "infiéis".

SUÍÇA

- Aos domingos não se pode estender as roupas para secar, nem lavar o carro.
- Quem morar num apartamento não pode descarregar o autoclismo depois das 22 horas.

BAHRAIN

- Um médico do sexo masculino pode examinar os genitais de uma mulher, mas não pode olhar directamente para eles durante o exame. Tem de usar um espelho para a tarefa.

Humor Jurídico: As Melhores Anedotas

- Tanto o médico que faz a autópsia, como os agentes funerários, não podem olhar para os genitais de um cadáver. Os órgãos sexuais do morto devem ser cobertos com um pedaço de madeira ou um tijolo.

HONG KONG

- Uma mulher traída pode matar o seu marido adúltero, desde que use apenas as suas mãos. A amante do marido pode ser morta de qualquer maneira.

ITÁLIA

- Um homem pode ser detido se estiver vestido com uma saia.
- Bater em alguém com o punho é considerado um crime grave.

EMIRADOS ÁRABES UNIDOS

- Em Dubai, os homens podem se divorciar das suas mulheres através do envio de uma mensagem por telemóvel.

TURQUIA

- Nos séculos XVI e XVII, quem fosse apanhado a beber café era condenado à morte.

FINLÂNDIA

- É proibido o casamento entre analfabetos.

Leis Absurdas

JAPÃO

- Se alguém se servir do lanche ou bebida de outrem, não pode tirar mais do que um décimo do total, sob pena de prisão, inafiançável, tanto para a criança quanto para o adulto.
- É proibido comprar ou comer arroz importado.

GRÉCIA

- Atenas: quem conduzir mal vestido pode ter a sua carta de condução apreendida.

INDONÉSIA

- A pena para a masturbação é a decapitação.

COLÔMBIA

- Cali: uma mulher só pode ter relações com o seu marido. Na primeira vez, a sua mãe deve estar presente para testemunhar o acto.

MÉXICO

- É proibido gritar palavras ofensivas num local público.

LÍBANO

- Não é proibido que os homens tenham relações sexuais com animais, desde que sejam fêmeas. Se forem machos é punível com a morte.

Humor Jurídico: As Melhores Anedotas

TAILÂNDIA

- É proibido sair de casa sem vestir roupa interior.

VÁRIOS PAÍSES DO MÉDIO ORIENTE

- Após fazer sexo com uma ovelha, é pecado mortal comer a sua carne.

AFEGANISTÃO

- As mulheres não podem fazer barulho com os sapatos enquanto andam.

GUAM

- Certos homens têm o emprego de viajar pelo país e fazer sexo com virgens, que pagam pelo privilégio. Razão: é proibido as virgens casarem.

BOLÍVIA

- Santa Cruz: proibido um homem ter sexo com uma mulher e a filha dela ao mesmo tempo.

MICRONÉSIA

- Os homens não podem usar gravata.

EL SALVADOR

- A punição para conduzir bêbado era o fuzilamento.

FILMES LEGAIS

Filmes Legais

007 – O PROCESSO NUNCA MORRE

Apesar de várias tentativas para findar um processo judicial, um advogado consegue heroicamente salvá-lo com os seus prodigiosos recursos.

A CAUSA ASSOMBRADA

Um escritório de advogados é assombrado pelo espírito de um cliente que regressa dos mortos para se vingar da sua falência, divórcio e suicídio.

A GREVE DE SÁBADO À NOITE

Após anos de trabalho árduo aos fins-de-semana, um magistrado inscreve-se num curso de danças de salão em que as aulas são aos sábados.

EXAMES IMEDIATOS DO 3º GRAU

Um aluno do 3º ano de Direito passa o ano a jogar cartas na Associação de Estudantes, quando se depara com a época de frequências.

QUATRO JULGAMENTOS E UM FUNERAL

Um advogado, depois de adiar por 4 vezes a audiência de julgamento, vai ao funeral do seu cliente cujo coração não resistiu…

OS SALTEADORES DA CAUSA PERDIDA

As aventuras de jovens advogados que aceitam qualquer causa, para conseguirem pagar a renda do escritório todos os meses.

Humor Jurídico: As Melhores Anedotas

O SILÊNCIO DOS INSOLVENTES

A súbita mudez de um advogado leva-o à insolvência. Sentindo inveja dos colegas, rapta uma série deles com o objectivo de lhes cortar a língua.

EM NOME DA ROSA

Um advogado aceita como cliente a D. Rosa, uma ex-oficial de justiça, que lhe conta as torturas sofridas no tribunal onde esteve enclausurada.

REINO DOS RÉUS

Centenas de réus, todos clientes de uma grande sociedade de advogados, cercam o seu edifício e tentam forçar a entrada.

O ADVOGADO COBRA SEMPRE DUAS VEZES

As aventuras de um advogado que, tendo poucos clientes, consegue sempre cobrar os honorários a dobrar.

O BOM, O MAU E O FILÃO

Dois advogados combatem num pleito pela posse de um cliente ourives.

O LITIGADOR IMPLACÁVEL

No futuro, é inventado o primeiro advogado mecânico, o qual consegue preparar 100 processos por dia. Os advogados humanos, temendo pelo fim da sua profissão, unem-se para tentar destruí-lo.

Filmes Legais

E TUDO O BENTO LEVOU

Bento, um advogado ganancioso, arrasta um processo durante várias décadas, conseguindo que o seu cliente saia vitorioso, apesar de falido, divorciado, e desequilibrado mentalmente.

AS PALAVRAS QUE NUNCA ALEGAREI

O drama de um advogado que, tendo sido expulso da Ordem, não poderá mais exercer a advocacia.

CAUSA BLANCA

Numa cidade algures em Africa, um advogado usa o seu café para branquear dinheiro.

OS SENHORES DOS ANÉIS: A IRMANDADE DO GRANEL

Uma famosa sociedade de advogados decide partir em busca do monopólio dos processos do Estado.

A ESCRIVÃ MECÃNICA

Para combater os atrasos dos processos judiciais, é inventada uma escrivã mecânica que trabalha 24 horas por dia e 7 dias por semana.

ADIVINHA QUEM VEM ALEGAR

Um advogado de raça negra defende uma mulher de raça branca acusada de ter morto o primo da sogra do irmão do seu sobrinho que por acaso era de raça negra...

Humor Jurídico: As Melhores Anedotas

QUANTO MAIS DORMENTE MELHOR

Uma advogada loura seduz os seus clientes milionários, enquanto atrasa, o mais possível, os seus processos.

O CÓDIGO DO DAVID

David, um caloiro de Direito, ao ler o Código Civil que requisitou na biblioteca da Universidade, descobre uns estranhos gatafunhos que encerram um misterioso segredo...

CITAÇÕES BEM-HUMORADAS

Citações Bem-Humoradas

Um processo judicial é uma máquina em que tu entras como um porco e sais como uma salsicha.

AMBROSE BIERCE
JORNALISTA E ESCRITOR
NORTE-AMERICANO
[1842-1914]

O litigante é aquele que está disposto a entregar a pele para não perder os ossos.

AMBROSE BIERCE
JORNALISTA E ESCRITOR
NORTE-AMERICANO
[1842-1914]

Eu nunca conheci um litigante que não pensasse estar a ganhar o processo até ao momento em que a guilhotina desceu.

WILLIAM BAXTER
JURISTA NORTE-AMERICANO
[1929-1998]

A morte não é o fim. Segue-se um processo judicial de partilhas.

AMBROSE BIERCE
JORNALISTA E ESCRITOR
NORTE-AMERICANO
[1842–1914]

As leis são como as salsichas. Quanto menos as pessoas souberem como são feitas, melhor dormirão de noite.

OTTO VON BISMARK
ESTADISTA E POLÍTICO ALEMÃO
[1815-1898]

Humor Jurídico: As Melhores Anedotas

Advogado: alguém que te defende, arriscando a tua carteira, a tua reputação e a tua vida.

EUGENE E. BRUSSELL
ESCRITOR E EDITOR
NORTE-AMERICANO
SÉC. XX

Era tão bom juiz que estava aborrecido por não poder condenar ambas as partes.

CARDEAL JULES MAZARIN
CLÉRIGO E ESTADISTA FRANCÊS
[1602-1661]

Deve-se sempre pedir aos juízes, não vão eles pensar que se tem mais confiança na justiça do que neles.

CAMILO CASTELO BRANCO
ESCRITOR PORTUGUÊS
[1825-1890]

A justiça é, de todas as mulheres que tratam de nos sugar o dinheiro, a pior, porque as outras, chegando a uma certa ocasião, vêem que não temos mais para lhes dar, ao passo que ela nem isso vê, por ter os olhos tapados, e vai pedindo sempre.

AUGUSTO DIAS DANTAS DA GAMA
ESCRITOR E JORNALISTA PORTUGUÊS
[1859-1927]

Há advogados suficientemente hábeis para nos convencer que a Constituição é inconstitucional.

LAURENCE J. PETER
PEDAGOGO E ESCRITOR CANADIANO
[1919-1990]

Citações Bem-Humoradas

Os advogados de lados opostos de um caso são como as duas lâminas de uma tesoura: cortam o que está entre si, mas nunca uma à outra.

JOSEPHINE FÉLICITÉ AUGUSTINE BROHAN
ACTRIZ E COMEDIANTE FRANCESA
[1824-1893]

Descobriu-se recentemente que os advogados são o estado larval dos políticos.

AUTOR DESCONHECIDO

Para mim, um advogado é basicamente a pessoa que conhece as leis do país. Todos nós lançamos os dados, jogamos o jogo, movemos as nossas peças pelo tabuleiro mas, se surge um problema, o advogado é a única pessoa que leu as instruções da tampa da caixa.

JERRY SEINFELD
ACTOR E HUMORISTA
NORTE-AMERICANO
[1954-]

A única maneira de vencer os advogados é morrer sem bens.

WILL ROGERS
HUMORISTA NORTE-AMERICANO
[1879-1935]

Um advogado incompetente pode atrasar um processo durante meses ou anos. Um advogado competente pode demorá-lo ainda mais tempo.

EVELLE J. YOUNGER
ADVOGADO NORTE-AMERICANO
[1918-1989]

Humor Jurídico: As Melhores Anedotas

Corno de cabra e argumento de advogado, são retorcidos como o diabo.

TOMÁS LOURENÇO
ESCRITOR PORTUGUÊS

Todo o homem é inocente até que se prove que é insolvente.

AUTOR DESCONHECIDO

Livrai-me da justiça, que dos malfeitores me livro eu!

MILLÔR FERNANDES
HUMORISTA E JORNALISTA BRASILEIRO
[1920-]

Na Inglaterra, um homem acusado de bigamia é salvo pelo seu advogado que demonstra que o seu cliente tinha três mulheres.

GEORG CHRISTOPH LICHTENBERG
FÍSICO E CRÍTICO LITERÁRIO ALEMÃO
[1742-1799]

Fiz tão bem o meu curso de direito que, no dia em que me formei, processei a Faculdade, ganhei a causa e recuperei todas as mensalidades que havia pago.

FRED ALLEN
COMEDIANTE NORTE-AMERICANO
[1894–1956]

Os médicos purgam os corpos; os teólogos, a consciência, os homens de direito, a bolsa.

AUGUSTIN CABANÉS
FARMACÊUTICO E MÉDICO FRANCÊS
[1862-1928]

Citações Bem-Humoradas

Mudar de advogado é como mudar de piso no Titanic.

AUTOR DESCONHECIDO

Os advogados sem causas são os eunucos do harém judiciário.

PIERRE DAC
JORNALISTA E HUMORISTA FRANCÊS
[1893–1975]

O advogado é um cavalheiro que salva os vossos bens das mãos dos vossos inimigos e guarda-os para si.

LORDE HENRY PETER BROUGHAM
POLÍTICO E ESCRITOR ESCOCÊS
[1778–1868]

Quanto mais numerosos os advogados, mais longo o processo; quanto mais numerosos os médicos, mais breve o processo.

MOISÉS SAPHIR
ESCRITOR E HUMORISTA ALEMÃO
[1795-1858]

Que resposta daria à pergunta: queres cair nas mãos de um advogado ou de um médico? A mesma a quem me perguntasse: a bolsa ou a vida?

MOISÉS SAPHIR
ESCRITOR E HUMORISTA ALEMÃO
[1795-1858]

O bom do juízo final é que será sem advogados.

SOFOCLETO (LUIS FELIPE ANGELL)
ESCRITOR PERUANO
[1926-]

Humor Jurídico: As Melhores Anedotas

Os nossos colegas do curso de Medicina ao menos usam cadáveres para aprender. Nós treinamos os julgamentos com clientes vivos.

F. LEE BAILEY
ADVOGADO NORTE-AMERICANO
[1933-]

Os advogados velhos nunca se reformam. Criam sociedades de advogados.

AUTOR DESCONHECIDO

Os primeiros clientes de médicos e advogados são os três P: prostitutas, pobres e parentes.

CARLOS FISAS
ESCRITOR ESPANHOL
[1919-]

A advocacia é uma maneira legal de burlar a justiça.

MILLÔR FERNANDES
HUMORISTA E JORNALISTA BRASILEIRO
[1920-]

Um advogado é alguém que te ajuda a obteres aquilo com que lhe vais pagar.

LAURENCE J. PETER
PEDAGOGO E ESCRITOR CANADIANO
[1919-1990]

Só fui à falência duas vezes. A primeira, quando perdi uma causa; a segunda, quando ganhei uma.

VOLTAIRE
ESCRITOR E FILÓSOFO FRANCÊS
[1694-1778]

Citações Bem-Humoradas

Eu devia ter sido fuzilado esta manhã às 6 horas, mas como tinha um bom advogado, o pelotão só chegou às 6 e meia.

WOODY ALLEN
CINEASTA E ACTOR
NORTE-AMERICANO
[1935-]

Gastei o dia a defender, como advogado, um parente meu. Por Hércules, como me contenta ele ter perdido a causa!

PLAUTO [TITUS MACCIUS PLAUTUS]
COMEDIÓGRAFO ROMANO
[251?-184 A.C.]

É tão fácil abrir uma ostra sem faca, como a boca de um advogado sem honorários.

BARTEN HOLIDAY
CLÉRIGO E ESCRITOR INGLÊS
[1593-1661]

Os advogados são a única profissão em que, quantos mais há, mais são precisos!

ROBERT W. LUCKY
EMPRESÁRIO E EDITOR
NORTE-AMERICANO
[1936-]

Uma cidade pequena que não suporta um advogado, consegue sempre suportar dois.

AUTOR DESCONHECIDO

Humor Jurídico: As Melhores Anedotas

A única coisa que espero dos advogados é que voltem para os seus caixões ao nascer do sol.

F. ROSS JOHNSON
EMPRESÁRIO NORTE-AMERICANO
SÉC. XX

Não consegues viver sem advogados e, certamente, não consegues morrer sem eles.

JOSEPH H. CHOATE
ADVOGADO E DIPLOMATA NORTE-AMERICANO
[1832-1917]

Diz-me com quem andas que dir-te-ei quem és na presença do meu advogado.

HUMORISTA BRASILEIRO DESCONHECIDO

O processo judicial é como uma vaca. O público segura-o pelos cornos. O governo segura-o pela cauda. Enquanto isso os advogados fazem-lhe a ordenha.

AUTOR DESCONHECIDO

O advogado é alguém que nos protege do roubo, levando consigo o objecto da tentação.

HENRY LOUIS MENCKEN
ESCRITOR, JORNALISTA E
CRÍTICO NORTE-AMERICANO
[1880-1956]

Afasta-te do caminho da justiça. Ela é cega.

STANISLAW JERZY LEC
ESCRITOR POLACO
[1909–1966]

Citações Bem-Humoradas

As salas dos tribunais são autênticas lojas: com efeito, a dona do negócio, a Justiça, é sempre representada com uma balança na mão.

PAULO POTT
MAGISTRADO E ESCRITOR FRANCÊS
SÉC. XX

A justiça é igual para todos. Aí começa a injustiça.

MILLÔR FERNANDES
HUMORISTA E JORNALISTA BRASILEIRO
[1920-]

Os tribunais estão abertos a todos, tal como o Hotel Ritz.

LORDE JAMES MATHEW
ROMANCISTA E DRAMATURGO INGLÊS
[1860–1937]

Lembra-te, quando recorreres ao tribunal, que estás a confiar o teu destino a doze pessoas que não foram suficientemente espertas para se livrarem do serviço de jurado!

AUTOR DESCONHECIDO

Juiz: um estudante de direito que classifica os seus próprios exames.

HENRY LOUIS MENCKEN
JORNALISTA E ESCRITOR NORTE-AMERICANO
[1880-1956]

Recurso: colocar uma moeda numa máquina de jogos para tentar novamente a sorte.

AUTOR DESCONHECIDO

Humor Jurídico: As Melhores Anedotas

O meritíssimo julga pela lei, pelo espírito e pela premissa: e, às vezes, faz justiça.

MILLÔR FERNANDES
HUMORISTA E JORNALISTA BRASILEIRO
[1920-]

Júri: grupo de pessoas designado por um tribunal, para ajudar os advogados a evitar que a lei degenere em justiça.

AMBROSE BIERCE
JORNALISTA E ESCRITOR
NORTE-AMERICANO
[1842-1914]

Um júri é um grupo de doze pessoas de uma ignorância média, reunidas por sorteio, para decidir, entre o acusado ou a vítima, quem tem o melhor advogado.

HERBERT SPENCER
FILÓSOFO INGLÊS
[1820-1903]

A lei é uma espécie de ciência de prestidigitação que nos sorri enquanto nos vai ao bolso.

HENRY LOUIS MENCKEN
ESCRITOR, JORNALISTA E
CRÍTICO NORTE-AMERICANO
[1880-1956]

Os ingleses dizem com humor que, se um médico se equivoca, incorre em delito, mas, se é um juiz, o erro converte-se em lei do país.

JOAQUÍN SALVADOR RUIZ PÉREZ
MAGISTRADO ESPANHOL
SÉC. XX

ÍNDICE

	Pág.
Prefácio	5
Magistrados	7
Oficiais de Justiça	15
Réus e Testemunhas	21
Júris	41
Advogados	47
Advogados Estagiários	117
Universidade de Direito	125
Adivinhas jurídicas	137
Teste os seus Conhecimentos Jurídicos	143
Leis Absurdas	149
Filmes Legais	173
Citações Bem-Humoradas	179